国际教育信息化典型案例（2016-2017）

吴砥　饶景阳◎编著

Case Studies of ICT in Education Worldwide (2016-2017)

北京师范大学出版集团
BEIJING NORMAL UNIVERSITY PUBLISHING GROUP
北京师范大学出版社

图书在版编目(CIP)数据

国际教育信息化典型案例. 2016—2017 / 吴砥,饶景阳编著. —北京:北京师范大学出版社,2018.12

ISBN 978-7-303-24479-9

Ⅰ. ①国… Ⅱ. ①吴… ②饶… Ⅲ. ①国际教育—信息化—案例—2016—2017 Ⅳ. ①G51-39

中国版本图书馆 CIP 数据核字(2018)第 291324 号

营销中心电话 010-58802181 58805532
北师大出版社职业教育与教师教育分社网 http://zjfs.bnup.com
电子信箱 zhijiao@bnupg.com

出版发行:北京师范大学出版社 www.bnup.com
北京新街口外大街 19 号
邮政编码:100875

印 刷:北京盛通印刷股份有限公司
经 销:全国新华书店
开 本:710 mm×1000 mm 1/16
印 张:10.5
字 数:171 千字
版 次:2018 年 12 月第 1 版
印 次:2018 年 12 月第 1 次印刷
定 价:30.00 元

策划编辑:伊师孟 责任编辑:康 悦
美术编辑:焦 丽 装帧设计:焦 丽
责任校对:李云虎 责任印制:陈 涛

国际教育信息化典型案例(2016—2017)

编　委　会

作者简介

吴砥，华中师范大学教授，国家数字化学习工程技术研究中心副主任，教育部教育信息化战略研究基地（华中）副主任，湖北高校人文社科重点研究基地湖北教育信息化发展研究中心主任，华中师范大学教育大科学研究中心副主任，教育部教育信息化技术标准委员会副主任，中国教育发展战略学会未来教育专业委员会秘书长，教育部教育信息化专家组成员。

从事教育信息化发展战略、基本理论、关键技术和标准规范研究工作，先后承担国家级、省部级科研项目十余项。主要研究方向：教育信息化发展战略与政策规划、教育信息化核心指标与绩效评估、教育信息化领导力分析与评价、教育信息化标准与应用。

饶景阳，教育部教育信息化战略研究基地（华中）助理研究员，全国信息技术标准化技术委员会教育技术分技术委员会委员。参与教育部—英特尔信息技术专项科研基金项目“国际教育信息化发展研究（2013）”、国家社科基金青年项目“基础教育信息化城乡差异分析及影响因素研究”、国家科技支撑计划课题“中小学师资培训公共服务体系关键技术及标准规范研究”等一系列课题。主要研究方向：教育信息化国际政策比较研究、教育信息化标准研制和应用等。

前言

2015年，联合国通过了《2030年可持续发展议程》，旗帜鲜明地把国际教育发展宏观目标阐释为“确保包容和公平的优质教育，让全民终身享有学习机会”。2017年1月，我国发布了《国家教育事业发展“十三五”规划》，明确提出了“确保包容、公平和有质量的教育，促进全民享有终身学习机会”。围绕国际教育发展新目标，“互联网＋教育”是我国改革、创新、驱动教育发展的重要举措，也是实现教育现代化的必然选择。信息技术与教育的融合发展，不仅能够改变现有的教学环境和教学内容，拓展信息技术创新应用实践，更重要的是能够促进教育供给侧结构性变革，推动教育发展方式的转型，实现教育教学生态的升级。以党的十九大为标志，我国从教育信息化1.0时代进入2.0时代。2.0时代的核心就是以教育信息化全面推动教育现代化，相比1.0时代表现出更加明显的时代特征，具体体现为教育信息化从强调速度转变为强调质量，从关注量变转变为关注质的飞跃。面对新的发展挑战，我国需要树立全新的发展理念，赋予教育信息化发展内生动力，不断增强可持续发展能力，在吸收国际教育信息化先进经验的基础上，探索中国特色教育信息化道路。

2013年，教育部启动了信息技术专项科研基金项目“国际教育信息化发展研究”，形成了以《国际教育信息化典型案例(2013—2014)》为代表的系列成果。典型案例集遴选了一批具有较高国际影响力的案例，成为了解国际教育信息化发展情况的重要窗口，受到广泛关注和好评。以此为开端，从2014年到2016年，《国际教育信息化发展报告(2014—2015)》《国际教育信息化典型案例(2015—2016)》相继出版。今年，“国际教育信息化发展研究”项目组编著了《国际教育信息化典型案例(2016—2017)》，主要收集和整理了国际上教育教学模式创新、学习环境与空间建设、教育资源建设和运用、教学评价方法变革四方面的案例，旨在呈现国际教育信息化发展的最新进展和成果，形成高水平的国际教育信息化案例库，为教育信息化政策的制定和实施提供参考。

本案例集面向亚太、美洲、欧洲等地区，遴选了一批具有较高质量的教育信息化相关案例；沿用之前案例集的分析框架，从案例的实施背景、实施方案、实施效果等角度进行深度分析，并结合我国发展的实际情况，总结案例的创新点和启示。其中，教育教学模式创新案例有 4 个(1 个国内案例、3 个国外案例)，涵盖协作学习平台建设、STEM 教学等教育教学模式等；学习环境与空间建设有国外案例 3 个，包括网络在线学习、虚拟学习环境、机器人辅助远程教学；教育资源建设和运用有国外案例 3 个，包括在线资源中心、物理虚拟实验室等；教学评价方法变革有国外案例 5 个，涉及信息化素养评估、自适应学习分析系统、学习仪表盘等多方面的内容。

限于时间和水平，本书难免会有瑕疵，恳请读者不吝指正。

目　录

第一章　总　述

《国际教育信息化典型案例(2013—2014)》《国际教育信息化典型案例(2014—2015)》以及《国际教育信息化典型案例(2015—2016)》累计遴选了65个具有国际影响力的教育信息化案例，涵盖发达国家或地区、发展中国家或地区及欠发达国家或地区，涉及新兴技术应用、信息技术与课程整合、教育资源共享、教师培训、在线学习社区、在线教育等多个教育信息化领域的重大专题。基于前几年的案例集成果，本书沿用了之前的案例分析框架，主要从案例基本信息、案例概述、案例实施与推进、案例特点与创新、案例经验与启示几个方面进行阐释。对国际教育信息化优秀案例进行介绍的目的是为我国教育信息化的推进提供理论参考和实践范例，因此，在案例经验与启示部分，作者结合我国相关领域的发展情况提出有益的参考和建议。此案例集的框架沿用之前的分析框架，如表1-1所示。

表1-1　教育信息化典型案例分析框架

组成部分	描述
案例基本信息	案例基本资料，包括案例的名称、实施地区、实施时间、主要实施者和实施对象等
案例概述	社会经济背景、驱动政策和前期基础
案例实施与推进	实施背景、实施方案、实施效果等
案例特点与创新	案例的特点与创新之处
案例经验与启示	案例的经验与启示

为了尽可能展现国际教育信息化的全貌，往年的案例往往是国外和国内典型案例的混合，而今年的案例除了中国香港特别行政区移动户外探究学习活动之外，全部为国外主要发达国家或地区的教育信息化案例。案例的遴选偏重持续时间较长、影响范围较大、实施效果较好的优秀案例，从客观角度反映案例的推进过程和实践模式。此外，在案例遴选的过程中，本书优选近年来的案例。信息技术的快速迭代促进信息技

术在教育中运用的更新，造就了一批具有鲜明时代特点的案例，例如虚拟实验室、SPOC 教学模式、机器人教学等。把握新技术在教育教学中的运用，有利于我们洞察今后教育信息化的发展方向，了解相关技术在教学中的应用瓶颈，进而提升新技术的使用策略。

《国家中长期教育改革和发展规划纲要(2010—2020 年)》《教育信息化十年发展规划(2011—2020 年)》等一系列重要文件的出台和推进，明确了我国未来几年教育信息化发展的方向和任务。党的十九大开启了加快建设教育现代化、建设教育强国的历史新征程。以教育信息化示范引领和全面推动教育现代化，是完成 2020 年基本实现教育现代化这一战略目标的重要条件。随着教育信息化从 1.0 时代进入 2.0 时代，教育信息化从注重速度向注重质量转变，旨在从更深的层面上改变教育生态系统，从而实现人的现代化。基于创新驱动的现实需求，案例集主要面向主要发达国家或地区收集和整理优秀案例，关注时下的新技术和新趋势。例如，芬兰于 2016 年开始实施“现象教学”，将“现象教学”作为传统分科教学的补充，让学生通过跨学科的方法在课堂中观察现实生活中的现象；美国蒙大拿大学面向在职学生引入了远程视频遥控机器人辅助远程教学，代替学生参与到课堂学习之中；自适应学习分析 Knewton 平台帮助学生了解学习程度，为学生提供个性化教学；随着“MOOC 热”的消退，小规模限性在线课程成为 MOOC 转型的新方向等，如图 1-1 所示。

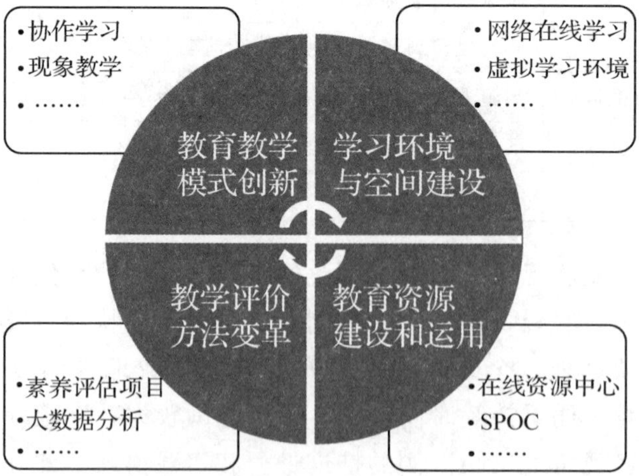

图 1-1　国际教育信息化典型案例分类

案例集关注教育信息化应用领域进行的课题研究、创新活动、发展趋势和典型尝试，汇总信息技术与教育教学有效融合的实践，涉及各级各类教育教学、教研和管理。今年的案例集主要集中在教育教学模式创新、学习环境与空间建设、教育资源建设和运用、教学评价方法变革四个方面。

基于互联网的探究式、讨论式、参与式、协作式和混合式、沉浸式教学模式能够激发学生的创新思维和协作探究能力，提供以学生为中心的个性化学习服务。教学内容及其呈现方式的革新能够为教学模式的创新提供基础，针对学生的学习禀赋、兴趣爱好和发展潜能，提供多样化的学习内容和学习形式。相关子主题包括协作学习、“现象教学”、STEM 教学、户外探究学习活动等。

教学环境的创设是实现学与教变革的基础，而且为学生提供更加便利、舒适、有效的学习环境是未来教育发展的重要方向。未来的教学环境必然是基于互联网的信息化教学环境。信息技术使教育空间拓展为物理空间、资源空间和社区空间。三空间的无缝衔接支持教育教学全过程，实现线上线下学习一体化。第三章重点介绍了虚拟空间的建设实例，相关子主题包括网络在线学习、虚拟学习环境、机器人辅助远程教学等。

建设、应用和共享优质数字教育资源是缩小教育数字鸿沟、提高教育教学质量的重要手段。随着数字化教育资源在数量上的不断累积，新的时代诉求不断凸显——人们从关注数字资源的整合汇聚转变为关注数字资源的共创共享，希望教育机构针对不同场景下的教育需求提供个性化的优质资源。相关子主题包括在线资源中心、虚拟实验室、SPOC 教学等。

教学评价是在系统、科学、全面地收集、整理和分析教学信息的基础上，对教学价值做出判断的过程。基于大数据的学习分析技术将成为推动教育深层变革的主动力，有利于改变现有的结果评价、模糊评价和定性评价的现状。教师可以利用新的技术手段测量学生的认知特点和学习特征，评估学生的优势潜能和最佳学习方式，设计个性化的学习推送方案，探索不同技术条件下的差异化教学策略。相关子主题包括学习预测分析、信息素养评估、大数据学习分析等。

第二章　教育教学模式创新案例

第一节　协作学习平台在新加坡中学华语课堂的应用[①]

一、案例基本信息

本案例展示了新加坡国立教育学院学习科学研究所与两所中学合作开展技术支持的协作教学相关成果，表 2-1 概括了本案例的基本信息。

表 2-1　案例基本信息

案例名称	协作学习平台在新加坡中学华语课堂的应用
实施地区	新加坡
实施时间	2008 年至今
主要实施者	新加坡国立教育学院
实施对象	新加坡辅华中学、惠厉中学

二、案例概述

随着社会建构主义的教学观向语言学习的渗透以及电脑网络科技的迅猛发展，电脑支持的协作学习对华语教学的重要性越来越凸显。但是，在课堂中如何有效地设计和实施电脑支持的协作学习一直是许多华语教师面临的一大挑战。新加坡国立教育学院学习科学研究所以 Group Scribbles (GS)协作学习平台在新加坡中学华语课堂中的使用为例，通过分析与描述教师在研究人员的协助之下设计和实施网络协作学习活动的过程，提炼出将该教学策略应用于第二语言教学的可操作性阶段

① 案例提供者：陈文莉，新加坡国立教育学院副教授，华中师范大学特聘教授。

模型。

新加坡国立教育学院学习科学研究所已经与新加坡的两所中学合作开展了科技支持的协作教学。本案例主要聚焦华语教师在研究人员的帮助下，在高中二年级华语班上利用GS进行协作学习的过程。案例研究发现利用GS等新科技进行协作学习，辅以合适的教学设计，可以提升学生的华语学习能力并增强他们学习华语的兴趣。

三、案例实施与推进

(一)实施背景

社会建构主义的研究者认为，知识不是永恒不变的，而是人类社会活动的产物，同时学习则是发生在一定的社会文化情境之中的。人类之所以区别于其他物种就在于我们具有通过文化产品的建构来改变世界的能力，以及在学校、家庭等社群中将文化产品重构的能力。教学过程不是教师向学生传递知识的过程，而是在教师所创设的社会情境中，学生进行主动自我意义建构与共同体文化产品不断建构的过程。当社会建构主义的知识观渗透至语言学习时，语言学习就不仅是每个人大脑内部的思维活动了，而是贯穿于整个社会互动过程之中的活动。语言学习的目标不单纯是某种语言知识的掌握或某项认知策略的习得，而是着眼于个体终身语言学习能力的达成，及个体在语言学习中对共同体知识的不断建构。这种知识的建构不是从绝对的无到有的过程，而是从相对的不知到知的过程，因此它可发生在任何一个年龄段和任何一个语言学习群体内。以心理语言学为基础的第二语言的习得，特别是华语第二语言的相关研究，较少关注语言使用的社会过程，以及课堂教学中互动对学生第二语言能力发展产生影响的动态过程。[①] 引入社会建构主义理论的观点来考察课堂师生互动和第二语言学习的关系，近些年来才在第二语言习得及第二语言教育研究中出现，但主要集中于写作教学。[②]

协作学习作为社会建构主义理论支持下的重要的教学策略，虽然在

---

① 张东波、赵守辉、刘永兵：《新加坡华文课堂的教师提问与师生互动》，载《语言教学与研究》，2008(3)。

② Storch, N., "Collaborative writing: Product, process, and students' reflections," *Journal of Second Language Writing*, 2005, 14 (3).

第二语言教学领域屡被提及，但是该领域的不少研究与实践者仍将协作学习的概念和合作学习的概念相混淆。在合作学习中，参与者分工后各自完成所分得的任务，随后将完成的结果不加整合地输出。从课堂语言教学的角度出发，合作学习指的是将一系列培养学习者之间相互依存关系的方法，作为他们认知与社交能力发展的途径。协作学习的概念则以社会建构主义的哲学观为基础，将学习看作在社会情境下知识的建构，因此它着重鼓励在学习社群中学习者个体之间相互的文化适应。合作是一种互动结构，用以促进组内成员共同完成其产品或目标；协作则是一种互动哲学和生存方式，体现出参与者对他们各自的行为负责任。由此看来，合作学习是方法，是模型，更容易被指令性地传达及实施，而协作学习除具有合作学习形式上的要素以外，更强调互动中共同体文化的生成，需要历经一个相对长期和复杂的过程。

能否促使共同体协作文化的生成，是能否将协作学习有效地运用于第二语言课堂教学的关键。因此，本章从社会建构主义理论支持下的网络协作学习出发，探讨如何设计促成学生协作文化生成的华语第二语言教学活动，并以 GS 支持下的班级小组协作学习活动为例，分析与描述在研究人员和教师共同设计的教学活动中，学生如何在学习社群文化的培养过程中，逐步地增强主体意识，培养个人责任感和提高社交能力，最终提升个体和整个学习共同体的语言能力。

(二)实施方案

以 GS 为平台，新加坡国立教育学院继 2008 年在新加坡小学开展小组协作华语学习活动一年之后，于 2009 年 1 月首次将其引入本地的中学华语课堂[①]，目前已完成第一阶段中学教学研究。该阶段研究的首要目标为指导教师结合中学华语的教学内容顺利开展 GS 小组协作活动，以促进中学生小组协作文化的生成。研究数据来源于课前、课后的教师访谈，课堂观察和 Morae 的视频与音频数据。Morae 是一种视频截图工具，可用来记录学生在电脑上的每一步操作，包括学生在面对面讨论时的对话与表情。

---

① Wen, Y., Looi, C. K. & Chen, W. L., "Who are the beneficiaries when CSCL enters into second language classroom,"The 13th Global Chinese Conference on Computers in Education, Taipei, 2009.

1. 软件平台

GS是由斯坦福国际研究院(SRI International)最先研发的促进协作学习教学的系统平台，后由新加坡国立教育学院学习科学研究所与斯坦福国际研究院共同升级至GS 2.0版本。在该平台所创设的共享空间内，参与者可借助图像或文本，完成个体作业及社群分享，以促进组内以及组间协同观点的生成、汇总与整理。

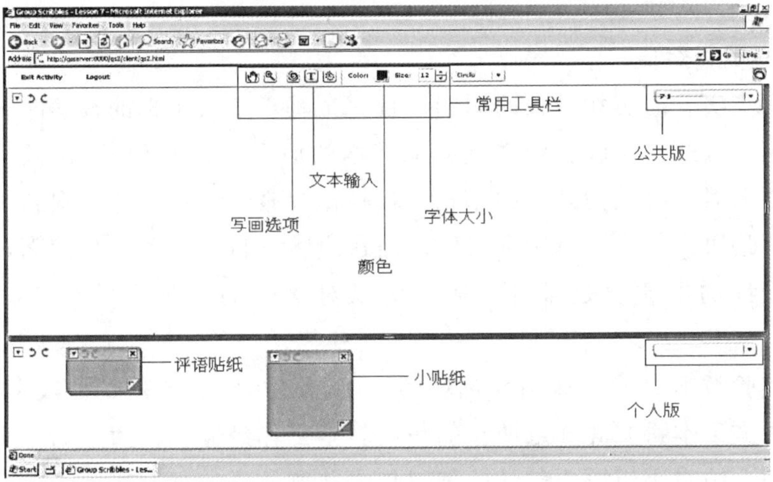

图 2-1　GS 2.0 版本用户界面图

GS的界面包括个人版与公共版两个部分，如图2-1所示，其中下方为参与者的个人版。参与者在该版内的一系列操作，其他在同一时间参与活动的参与者均不可视。参与者可以选择他们所喜欢的方式，如写、画或键盘输入，在个人版的电子小贴纸上表达他们各自的观点。当参与者完成一张小贴纸，用鼠标或电子笔将其拖拽到公共版(截图上半部分)时，也就是将小贴纸张贴出来时，其他参与者在同一时间可见，由此实现信息的即时传达与观点的同步分享。已被张贴在公共版的小贴纸还可以被拖拽回任何一个活动参与者的个人版以进行复制、补充与修改。同时，参与者也可以用更小号的评论贴纸，对他人的观点加以评论。贴纸可以在公共版内被自由地移动，其目的是方便参与者进行观点的分类与重组，而附着其上的评论贴纸也会跟随小贴纸的移动被同步移动。

每个参与者在进行GS活动的时候都拥有一个登录账号，从而拥有一个以自己登录账号命名的个人版，该个人版对其他参与者不可视。活动的公共版可以不止一个，可以由活动的设计者按需要设定，且可添加背景图片。在课堂教学中，一般情况下，教师会根据一堂课所需进行的GS活动的次数，以及班级内小组的总数，为各小组分别设定小组公共版。各组成员可以在自己的小组公共版内先进行知识共享，然后通过选择公共版右上角的版号，去浏览其他组的小组活动版，以实现组间互动。

2. 实验对象

由于实验需历经较长的周期，且完全基于学校正常的教学时间与课程大纲，因此，实验教师遵循的最基本的原则应该是他/她在教学手段的选择上需要有较为开放的心态。教师作为教学活动设计与实施的核心人物，是协作学习项目顺利实施从而达成教学目的的关键。然而，教学活动设计的本质就是服务学生，所以对学生的选择是完全随机和开放的。

实验教师A老师来自新加坡的一所邻里中学。她是新加坡本地人，拥有中文系本科文凭和近两年的华语教学工作经验。作为一名年轻的华语教师，她对小组协作教学的理解与之前所访谈的其他华语教师略有不同。很多教师不能够把小组活动与协作活动进行区分。有些教师认为让前后左右的学生一同朗读一段课文，让学生聚在一起共同讨论一段课文都是协作学习。几乎所有的受访教师都不否认将科技引入课堂，或以小组的形式进行华语教学有利于改善本地中小学生对华语课缺乏兴趣的现状。但是对于它们是否能直接作用于提升学生的华语能力，绝大多数的教师持保留态度。而A老师认为："协作(是指)大家能够相互帮助，一起完成一个东西。虽然小组(学习)进行了分组，但是学生在做什么我们并不是很清楚，或者他们之间到底有没有进行任何互动，或者有任何的协作在里面，(我们并)不知道。"恰是A老师对于协作概念的理解，使得她对于网络协作学习运用于课堂所能够产生效果的期待也有别于其他受访教师。实验的40名学生均来自A老师所教授的高中二年级华语班。在小组活动中，这40名学生被A老师根据考试成绩分成10个小组。每组的4名学生，基本来自优、良、中、差4个不同等级。组长由组内成绩最优者担任。

3. 教学运用

在实验之初，新加坡国立教育学院的研究人员同A老师分享了GS的小组协作活动原则。该原则是在知识建构理论研究的基础上，结合GS在小学试行的具体情况被提炼出来的，共有四条：一是使每一名学生都能够以个体和小组的形式进行思考及参与讨论；二是学生能够主动参与学习并积极地贡献知识；三是学生能够组织他们的观点并且懂得批判与自我反思；四是新的、不同的观点能够被生成和接受，并且不断地被改进。

(1)形式初探

正式使用GS进行课堂教学之前，新加坡国立教育学院的研究人员让A老师先用纸张式的便利贴代替GS的小贴纸，用普通的卡纸代替GS小组公共版进行小组活动，目的是让教师和学生初步接触GS的活动形式，且借此机会观察A老师与学生在小组活动在相对原生态的课堂中的表现，同时以此为依据为正式的GS协作教学活动设计提出有针对性的指导方案。A老师显然是一位小组活动教学经验丰富的老师，她为每个组准备了写有“组长”“书写”“计时”等名牌的小卡片，使得学生能够在活动中各司其职且充分地意识到时间的重要性。她用微软简报列出活动的目的与细则，在讲解规则时格外细致与耐心。她对课堂纪律有严格的要求，例如，学生在开课时问好声不整齐，都会被要求重新问候一遍。这样良好的班级纪律在一定程度上确保了小组活动在规定的时间内能够顺利地完成。从小组协作活动的要求出发，A老师所设计的教学活动仍有值得商榷之处。例如，A老师在开始的两次活动设计中均强调，学生各自完成各自的任务，不可以相互讨论。A老师的初衷在于要求所有学生都不能懒惰，要积极地先自行思考。但是这样的规定所带来的问题是，一些能力很弱的学生没有办法真正地参与到小组活动中，他们不知道应该如何开始，并且在进入讨论环节时很难跟上小组讨论的步伐和融入小组的讨论。这个现象解释了在传统的课堂小组活动中，为什么总有个别学生游离于活动之外，另一点则关于学生的互评。在第一次访谈中，A老师就告诉我们，她偶尔会以小组活动的形式复习字词，开展漫画教学以及结构图写作活动。但当我们问及她是否会让学生互评他们的作品时，A老师表示担心一些学生的能力不足，所以不曾涉及。因此，当我们建议A老师在活动中添加组员互评的环节后，学生的评语大都缺乏建设性，只限于“很好”“很有趣”“我觉得很有想法”“很有创意”等。

图 2-2 “纸张贴纸”活动中某小组的作品

此外，在教学活动中，由于 A 老师没有能够充分地鼓励学生进行组间交流，因此，我们从图 2-2 学生的小组作品中也可以看出，该组的 4 名成员只是将自己的想法张贴在纸板的 4 个角。由于想法生成过程缺乏讨论，组员所给出的想法缺乏最基本的筛选与综合。这名为小组活动，实质仍是每名学生完成各自的任务，也就是所谓小组合作而非协作。全班 10 个小组无一例外，均存在这种现象。

(2)确定主题

A 老师在观看 GS 在小学试行的教案和教学影像后，对于如何针对自己班级学生的特点设计适合中学华语学习的 GS 活动仍旧没有把握。当 GS 在小学试行时，课程设计是从字词学习入手，进而推广至协作写作的。中学的华语对学生的交际、认知和思维方面的能力有更高的要求，为此希望学生能够通过重点分析对阅读能力发展起重要作用的语篇，或是通过选择、创设情境、运用词汇的活动来形成小组和班级的协作学习文化，并且在此过程中不断丰富、提升自身乃至整个学习共同体的语言知识与技能。

在与研究人员交流意见之后，A 老师最终决定首次的 GS 活动从围绕课文的人物性格分析开始。结合前两周的课堂观察，我们将这阶段的协作目标设为每一名学生都能够在 A 老师的鼓励之下通过 GS 或面对面的交流积极参与小组活动，以及成员能够互相给出建设性意见。第一次GS活动进展得比较顺利。由于学生和A老师在正式上课之前已经接受过关于GS使用的技术培训，各组同学基本能够在课堂所规定的时间内顺利完成任务。但是，各组作品的质量和完成速度有较大差异。有的组长在一开始便懂得如何分配工作，可是也有部分组长缺乏权威性，使得小组在活动开始之初便消耗了过多时间。即便是能够较好且较快完成任务的小组，其组员协作的意识仍不明显。不论是组员之间观点的协商，还是组内学生基于GS或直接的面对面对话都很缺乏，以至于有个别学生进错了小组讨论版，若不是经研究人员提醒，活动快结束时同组的学生都未发现。

以表2-2中的小组活动版截图为例，组员所给出的是零散的、没有经过进一步整理与分类的答案。每个组员在可同步识别同伴观点和想法的情况下，做到了避免答案的完全重复，但是并未能够将答案进行筛选与重组。对于最明显的错误，即“伟大”不应当用来形容人物的“性格”，也没有学生指出。虽然在这次活动中，A老师要求组与组两两之间，如第一组与第二组互相浏览小组公共版并给出修改建议，但是，“具有怀疑精神，给出合理意见和建议”是对学生华语知识与协作意识的双重要求，它的达成不能一蹴而就。

表2-2　第一周GS活动中小组公共版的部分截图

序号	性格	例证
1	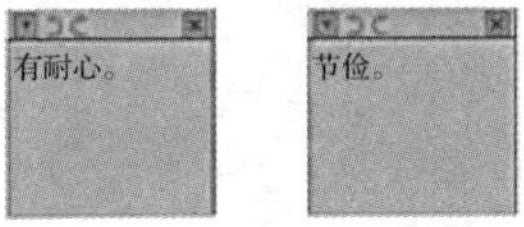	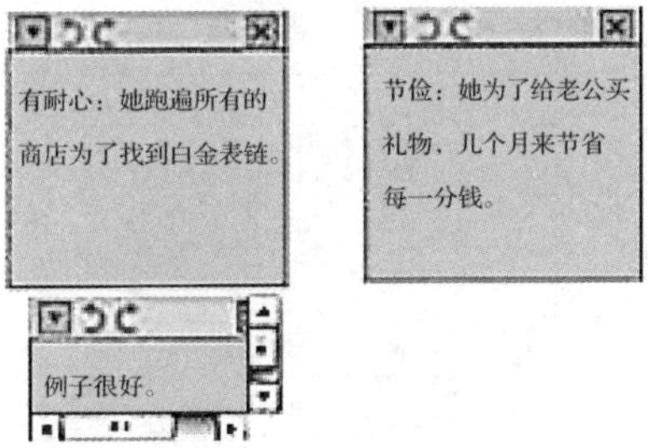
2	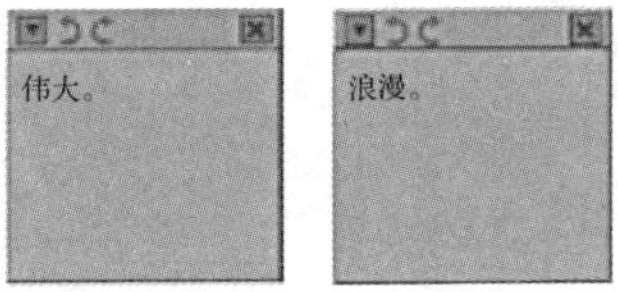	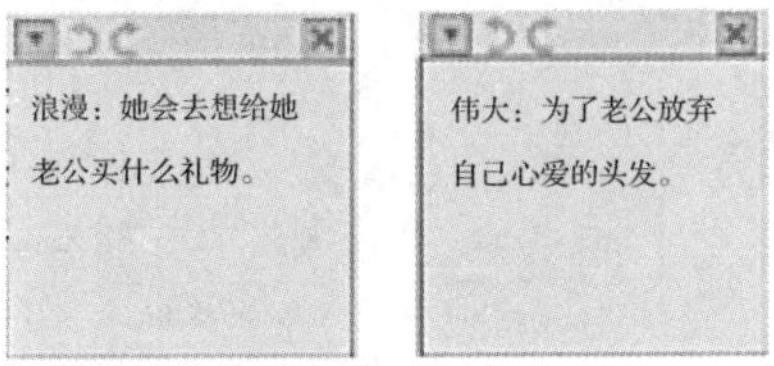

续表

序号	性格	例证
3	乐观。 贤妻良母。	乐观：当她把头发剪掉后，她并没有感到失落，而是很乐观地说头发会很快长长的。 贤妻良母：愿意为老公牺牲自己的头发。

一周之后，A 老师继续设计了相似的 GS 活动，借该平台让学生通过课文中人物的对话分析人物性格。基于前一次课的经验，A 老师在这次活动开始之前，再次强调了给出好的意见和建议的重要性，并且举例说明了怎样的评语可称为有价值的评语。从课堂观察以及课上所采集的 Morae 数据来看，学生在这方面的进步颇为显著。从表 2-3 中，我们可以看到左下角和右上角分别是两位学生的评语，两人先后指出“为他人着想”“体贴”与“关心”所表达的是同一个意思。然而，此时的组间互动只限于两组之间。在看到学生互评的意识已经有了较为明显的进步之后，新加坡国立教育学院学习科学研究所的研究人员建议 A 老师在下一阶段活动设计时将组间互动扩大到全班范围。

表 2-3　第二周 GS 活动中小组公共版的部分截图

序号	性格	例证
1	关心。	因为作者害怕她的爸爸累了，所以说自己累了，让爸爸休 息。 评语：关心、体贴、为他人着想可以合为一点来说，大家都说她担心她的爸爸会疲倦，所以让爸爸休息一下。
2	为他人着想。 体贴。 为他人着想就是体贴。 跟第一点讲的是一样的。	她担心父亲走了山路会感到疲倦，所以就拉着父亲停到 一棵树底下歇一歇。 她会自己反省，觉得自己不应该那么扫 兴，错了就让它错下去，也没关系。

与此同时，研究人员还发现了一个新的问题。A 老师为小组呈现所提供的框架不仅在组员进行观点整合上没有帮助，还在一定程度上阻碍了组员更多观点的表达。A 老师只是将小组的活动版划分出了 4 栏，初衷是希望学生能够通过讨论，整理、概括出文中人物最重要的 4 点性格特征。然而在实际操作中，由于学生尚不具备充分进行小组内共同协商以及筛选、整合观点的能力，框架的使用反而使得在绝大多数组内，4 个点子来自同一名学生。每个组员写出一个点子之后，就不愿意继续思考了。小组协作中支架的提供对于低龄的学生，或者是初始阶段的使用者来说可能是十分必要的，但是实践经验证明若支架本身的逻辑性不强，不能服务于学生认知的提升，使用效果可能会适得其反。

在组间互动活动中，从这周的课堂观察中，研究人员发现学生之间有了些许交流。组内一些能力相对弱的学生，在张贴了自己的观点之后，会主动要求其他组员帮他们检查对错。但是可能由于学生所讨论的问题是围绕课文的，且学生对文章内容相对熟悉，组员间的观点冲突不明显，在一定程度上限制了组员间的进一步协商。

(3)对症下药

继课文理解之后，A 老师将阅读的范围扩大到报章阅读并且继而对报章所涉及的内容进行评论。其语言知识与能力方面的目标是在加强学生的阅读和分析能力之余，希望学生能够掌握报章读后感的写作结构：①提出问题，表明立场/看法/感受；②查找原因：现象/行为/事件的原因；③预测后果：现象/行为/事件所带来的后果；④探寻方法：提出方法解决问题或避免问题再次发生；⑤总结和希望。协作文化培养方面的重点仍旧是进一步促进组内成员之间的互动，并且将其扩大至组与组之间。在这一阶段的活动中，在学生组内互动明显增加的同时，我们也惊喜地发现组间互动环节也能够比较顺利地完成。这在一定程度上归功于 A 老师在活动设计时添加了“借点子”这一环节。例如，A 老师让学生就一则关于新加坡两名中学生因在自己的博客上发表有关种族歧视的博文而被捕的新闻，发表自己的观点，于是学生在各自的小组内讨论该事件会带来的恶果。每组学生在各自组讨论完用 GS 给出点子之后，可以去浏览其他任何一组的点子，若在浏览过程中看到好的点子，可以“借”来，用自己的话重述之后用以丰富自己组的内容。

表 2-4 列出了该组学生在两分钟内组内与组间的互动片段，这是研

究人员观看相关学生学习的 Morae 录影并用文字进行的客观描述。在此过程中，组员 Jane 在互动中不断反思、产生并且提升自己的想法。

表 2-4 对 Jane 进行小组活动的文字描述

时间	成员	语言描述	GS 行动	GS 贴纸
48：35	Jane	“看别人的，看别人的。”	浏览其他组的公共版。	
48：52	Jane	“‘坐牢’‘罚款’‘社会混乱’。”她边浏览，边默默地读着贴纸上的内容。	当她的鼠标指到写着“影响种族之间的感情”的贴纸时，Jane 停了下来，随即回到了自己的 GS 活动版。	影响种族之间的感情。
50：03	Jane		Jane 模仿其他组的想法，给出了如右所示的贴纸。	个人：会影响和不同种族的朋友的感情。
50：12	Jane		进入另一组的公共版。	
50：22	Jane	“‘世界末日’。”Jane 边读边笑。		
50：27	Jane		没有发现心仪的答案，换到其他组的公共版。	
50：53	Jane	“‘监禁’，名声受损，对哦，还有名誉。”Jane 看到后不禁感叹。		名誉受损。
51：09	Jane		在匆匆浏览了该组其他的贴纸内容之后，Jane 赶忙回到自己的组，添加了“名誉受影响”。	个人：名誉受影响。
51：20	组长	组长提醒 Jane：“你有没有写‘关于自己的前途’?”		
51：46	Jane	“没有，哦，我写。”Jane 回答。	在得到了组长的提示之后，Jane 又添加了一条“毁了自己的前途”。	个人：毁了自己的前途。

该组学生在 A 老师的提醒下率先进行分类作答，即不同的学生负责从不同的角度思考可能产生的后果。即使 A 老师没有给出具体的框

架，学生在作答时也已经显出些许条理，唯一缺乏的依旧是以小组为单位的观点的概括与综合。设计什么样的活动能够使学生在讨论之后生成小组共同的答案，是最后一个阶段需要解决的问题。

(4)得心应手

这一阶段刚开始，学生就已经具备了一定的小组协作能力，组间互动也已经可以通过 GS 在全班范围内顺利地展开。因此，好的观点想法，可以在全班范围内得以分享。一些能力较强的学生，可以并且乐意帮助其他小组检查并提升语言知识，如用词的准确性、句法的正确性等。而一些平日在华语课上得不到太多发言机会，或者由于语言能力所限不太敢发表自己观点的学生，也得到了机会表达自己的观点。A 老师在课后的访谈中感慨："没想到一些平时课上显得比较弱的小组，在 GS 活动中反而能够表现得很好。他们不用担心自己讲得不好，只要观点新颖就可以了，这样反而使得他们能够积极地参与。"

考虑到学生在小组观点整合方面的表现依旧不够理想，我们特别设计了协作写作的活动，目的是让学生共同创作出属于自己整个小组的作品。我们不希望像传统的小组写作那样，由于组员过分地依赖组内能力相对较强的同学，小组就直接以这些同学的构思、想法作为小组的"标准"答案。为此，A 老师为全班每一名学生都派发了一个教学大纲所要求学生掌握和使用的词语，于是这名学生就成为该词语的主人。在以小组为单位写出小故事之前，学生需要在自己组的公共版内给出自己所负责的词语的词义和用法。A 老师给学生一定的时间去浏览其他同学所负责的词语。若遇到其他同学表述不清楚的地方，同学间也可以通过 GS 提问或给出建议。因此，每一名学生不管能力强弱都有机会积极地参与到集体知识的建构中。虽然有时他们所提供的信息会被同伴质疑，但是在这种反思与反馈的过程中，学生得以进一步地思考，并且在掌握词语的同时，不断地提升自我沟通、协调以及反思的能力。最后，A 老师给学生 20 分钟的时间，让学生以小组为单位去挑选 8 个以上的词语，在各组的公共版内创作出一个简单的小故事。

在这一阶段的活动中，除组内面对面的讨论之外，有些组能够充分地利用 GS 进行组内沟通，通过 GS 的可表征性能够准确地记录下大家需要协商的要点。图 2-3 为在写出小故事之前，一个小组讨论空间内组员所列出的问题。很多组也在面对面讨论的同时将一些要点主动上传到小组讨论的公共版。

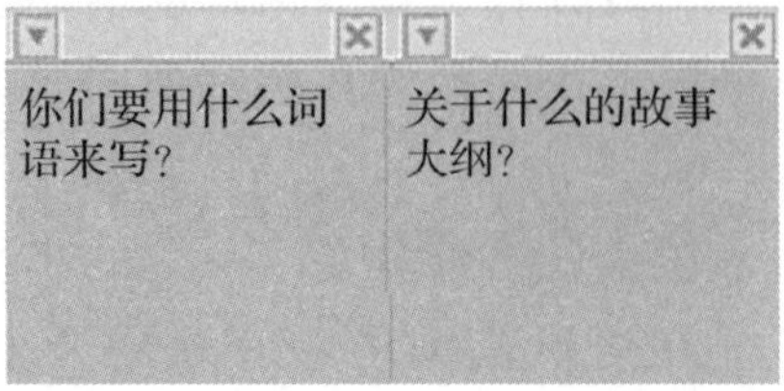

图 2-3　小组讨论空间列出的问题

如下图 2-4 中，该活动小组的同学在讨论出故事开头之后，继续去搜索其他可用的词语，并将它们先后上传到“讨论空间”以备继续故事梗概的讨论之用。同时，学生也刻意标明记叙文的要素：事件的起因、经过、结果。虽然最终为了迎合词语，学生给出的故事情节略显生涩，但是在此过程中，学生通过协商在组内达成一致，并且明白了掌握记叙文的写作要素才是最终的活动目的。

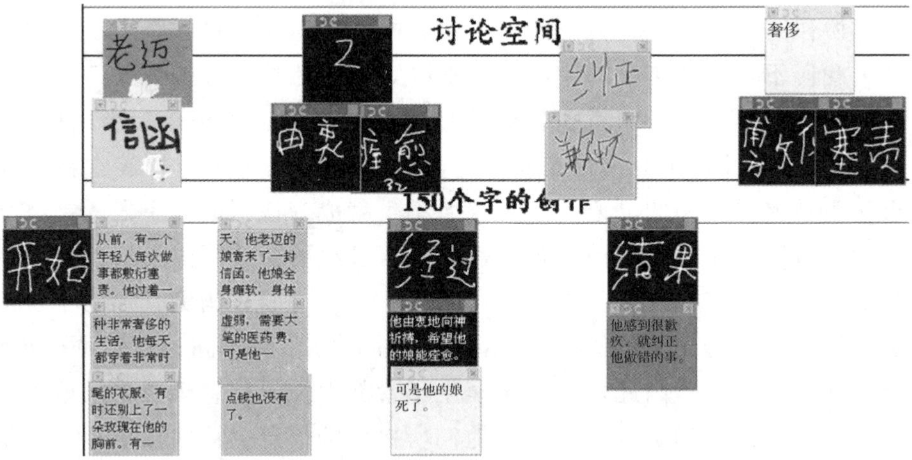

图 2-4　第六周 GS 活动中小组公共版的部分截图

(三)实施效果

1. GS 网络协作活动的阶段模型

通过课堂观察、影片分析和教师访谈的数据，本书概括性地描述了在研究人员的协同之下，A 老师在中学华语课堂顺利开展网络协作教学活动的过程。这是一个不断地进行阶段性调整设计的过程，借此逐步培养与提升学生的协作意识与能力，最终形成班级范围的协作文化，由此所提炼出的促使班级协作文化生成的教学活动设计模型，为教师在第二语言课堂实施小组协作活动提供了参照。该模型主要包括四个部分：集体参与；互评与反思；组间互动；归纳与总结。如图 2-5 所示。

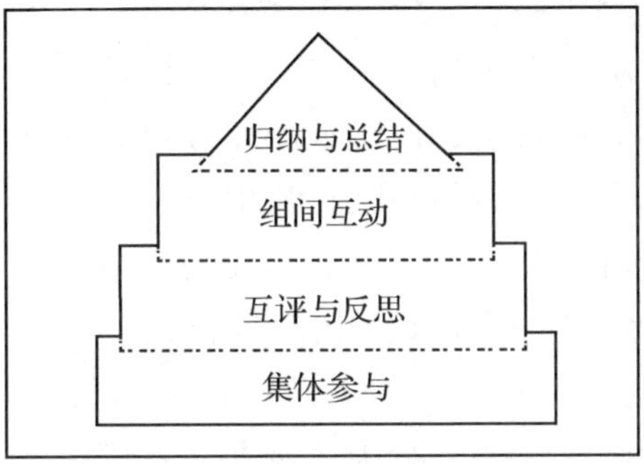

图 2-5　协作文化生成阶段模型

四个阶段之间没有特别明显的界限。集体参与，即要求每一名学生都能够积极主动地参与小组活动，这是协作文化生成的先决条件。在此基础上，教师再培养学生的怀疑精神，引导学生懂得如何给同伴具有建设性的意见与建议，引导学生懂得如何以正确积极的态度反馈同伴的质疑和建议，且在此过程中不断地进行自我反思。该阶段首先在小组内部实现，继而扩大至全班范围，即当学生形成了一定的组内互动之后再将互动扩大至组间就是水到渠成之事。从试行的经验来看，这一阶段的跨越最为顺利。然而，最困难的是实现组内至全班范围内的归纳与总结。模型图中“归纳与总结”用三角形来表示置于模型顶端，不仅是因为它的达成难度大而被归为最后一阶段的培养目标，也因为“归纳与总结”这一要求本身贯穿于小组协作文化生成的活动设计的全程。这一阶段模型来源于华语课堂的实践数据，它在指导教师如何有目的、有阶段、可操作地设计网络协作华语学习活动的同时，对于如何将网络协作学习实施于其他科目的课堂教学也有一定的借鉴作用。

2. GS 网络协作活动的实际效果

第一，提高全班学生的课堂参与度。在 GS 课堂，每一名学生都可以匿名发表贴纸，都有机会充分表达自己的观点。在课堂观察与教师访谈记录中我们看到，学生积极广泛参与 GS 课堂互动，注意力高度集中，特别是学习较为被动和性格内向的学生也从中受益。在 GS 课堂，每一名学生都可以按照自己的节奏参与课堂活动，且被动的学生也有机会展示和表达自己的想法。在GS活动中，学生更加“勇于犯错”，在课堂中可以通过贴纸发表自己的观点，说出自己的答案，增加了观点的多样性。第二，促进协作学习。学生在GS活动中的典型协作模式如下：①小组成员在小组版上发表贴纸观点；②小组之间互相查看作品，进行作品互评；③小组成员投票选出最佳小组作品；④最佳作品小组向全班同学展示其作品。当学生参与小组讨论时，观点的多样性让学生可以通过理解相关观点(包括相反观点)进而深化对该观点的认识。此外，协作完成GS活动为小组成员提供了互相观察模仿的机会，这让他们相互学习、相互帮助。第三，改善学生对学习的认知与态度。通过对学生参与、解释、提问、协作等课堂行为的观察，我们发现学生的学习自主性与责任心明显增强。在GS课堂，学生不再为了考试而学习，而是进行真实的意义建构。第四，使学生对使用GS持积极态度。学生对课堂上的GS协作学习活动持积极态度。88.3%的学生认为GS活动给学习带来了快乐；76.6%的学生认为GS活动让课堂变得更加有趣；81.5%的学生认为GS活动让学习变得更容易。

四、案例特点与创新

(一)案例特点

GS的设计与使用的目的在于实现课堂多形式交流的最大化。它不是面对面课堂讨论的替代品，而是一种补充。教师可以借助它在课堂中充分开展各种形式的小组协作活动。GS的设计开发不局限于特定学科的学习，并且它的使用也不仅仅限于教育领域。但当它与具体的学科教学相结合时，相同的功能要素则会体现出不同的特点。同其他在线讨论平台一样，GS有同步性、匿名性与表征性等属性。此外，GS还具有轻快式参与、即时组内反馈和组间互动等特性。

1. 轻快式参与

轻快式参与是指学生要在有限的华语课时间内，在一定规格的小贴纸上，用具有概括性的词或句来表达自己的观点。观点无须成熟，关键在于学生是否积极主动地去思考和分享。细微的观点被画、被写或被输入到小贴纸上，可能会比较杂乱无序，但是这种方式的学习效率较高。

各个小的观点在被凌乱地张贴出来后，可以按需要被整理与归类。在此过程中，新的观点不断地激荡、生成和完善。轻快式参与给学生提供了一个分享的平台，更重要的是给每一名不同语言能力的学生提供了一个相对均等的表达自己观点的机会，以实现真正的观点/知识先行。轻快式参与所促发的“全民参与”是协作文化能够顺利生成的前提。

2. 即时组内反馈

即时组内反馈是指任何一个组员通过小贴纸上传到公共版的知识点与想法都同步地受到同伴的监测，且可得到第一时间的反馈。有研究表明，学生通过网络进行语言学习，虽然在目标语言的输入与输出数量上有大幅度的提升，但是这是以牺牲目标语法的准确性为代价的。GS 平台下的协作语言学习，得益于同步的组内监测，使得学生个体以及小组的知识与观点的呈现具有质量保障。

3. 组间互动

组间互动在提升协作学习质量的同时将知识的建构渗透至整个学习社群，也为在协作中所生成的观点和输出的目标语言提供质量保障。组间互动优势在一定程度上是小组协作模式与课堂现状协调后的产物。课堂人数过多，是小组活动不能够在有限的课堂时间内充分完成的主要障碍之一。教师也往往无法在课堂上一一检查每个小组的任务完成情况。此时，有效的组间互动，能够化被动为主动。课堂上较多的活动小组，在高效的互动平台下转变成了丰富的资源。

图 2-6 给出的是 GS 运用于大规模课堂(超过 20 人)小组活动时所推荐采用的一种小组协作活动模型范例。图中显示的是在 GS 活动中，一个班的学生被分成 4 人一组，每个组有一个属于自己组的公共版。同一小组的学生往往被安排坐在一起，以便小组各成员之间，除了通过基于小组公共版的文字/图片等表征互动以外，也可进行面对面交流。与此同时，各组同学还可以自由选择进入其他组的公共版，浏览其他组的作品。在充分实现组间交流最大化的同时，每个参与者的想法得以在网状的班级互动中高效地传播，多方位地引起重视，从而有机会被不断地改进。

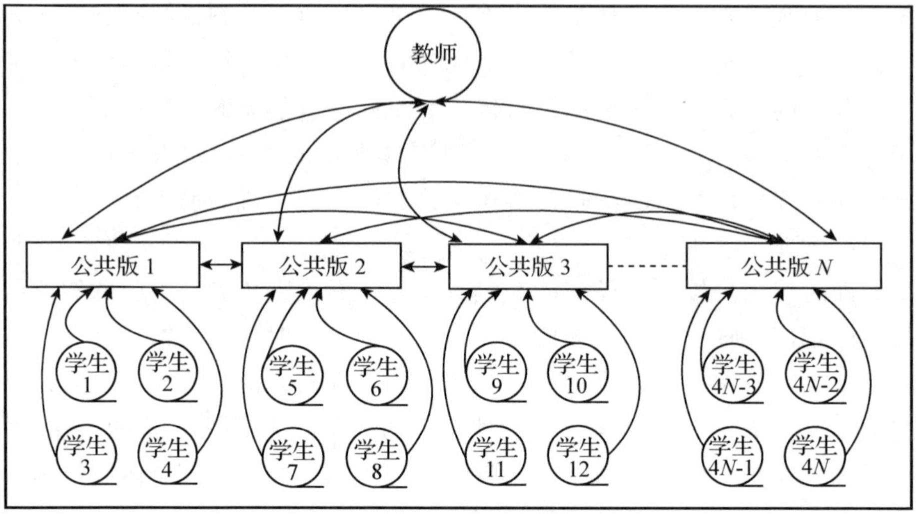

图 2-6　GS 课堂活动交互模型范例

传统课堂内的组间互动，如“拼盘学习”(Jigsaw)或“浏览活动”(Gallery Walk)需要靠学生交换座位来实现，既费时又费事，为课堂管理带来不便。当使用 GS 时，学生只需通过点击不同的小组活动版，便可参与别组的讨论，共享彼此的资源。在新加坡华语课堂中，由于学生来自讲不同语言或方言的家庭，学生的语言能力往往参差不齐。加强组间的互动可使得一部分语言能力比较强的学生在一定程度上代替教师的职责，帮助审阅其他学生所呈现的内容。这样，好的观点能够得到最大限度的传播，且有更多的机会被提升，而不对或者不完善的观点也可以在最大范围内被不断改进与完善。

(二)案例创新点

GS 一方面能够凸显贴纸的优势，避免其物理局限性，另一方面支持教师与学生、学生与学生之间的协作互动。GS 用户界面由两个窗口组成：下部窗口为个人版，提供虚拟贴纸供用户涂画、书写、键盘录入；上部窗口为公共版，供学生在该区域里同步共享他们发表的内容与进行的行为。GS 的核心特征在于将个人作业与集体协作相结合，即用户可以在个人版上独立工作，也可以在公共版上发表作品，阅读他人作品，对相关作品进行收集、分类、重组，将作品取回进行修改完善。例如，在 GS 课堂活动中，学生对问题“心跳在什么情况下会加速/减速”进行回答时，他们首先在个人版上组织答案，然后将答案拖动到公共版上与全班同学分享。学生的答案多种多样，远远超过教师的预期。通常，教师对该问题的期望回答为“跑步”“上下楼梯”等与体力运动相关的答案。然而，在课堂上，一些学生发表了“考试前做错了事”等与非体力运动相关的答案，于是教师随即针对有趣的答案组织了相关讨论。

传统课堂往往由教师主导，于是学生只是被动地接受知识。GS 协作学习则拓宽了学生交流的渠道，使全班同步互动交流成为可能。在 GS 课堂上，学生可以充分地表达自己的观点而不用担心他人的负面评价。“认知接近”与“身份脱离”则鼓励学生不断深化、改进、完善观点。GS 协作学习为课堂带来了良好的学习环境和氛围。在传统课堂上，虽然教师希望了解全班学生的学习情况，但在实际授课过程中，教师往往只能关注少数学生。期待教师答疑解惑的学生尽管在课堂上举了手，也往往没有发言的机会。但是在 GS 课堂上，教师有更加充足的时间来关注学生对知识的理解和掌握情况(例如，在学生小组活动时，教师可以浏览、查看各组的作品并及时给予评价和反馈)，能够清楚直观地看到学生在概念理解上的错误，从而及时进行纠正。①

五、案例经验与启示

现代信息技术以网络和多媒体技术为核心，并且教学的网络化已成为现代教育的一大特征，必将引起华语教学的革命性变化。在华语教学中有效地开展基于网络信息技术的协作学习，可以将学生分成若干小组，设定共同的学习目标，使小组成员通过讨论、角色扮演、竞赛、辩论、头脑风暴等形式，在一定的激励机制下，合作完成学习任务，最大化个人和小组的习得成果。

现代化的网络华语教学是教学思想、教学模式、教学方法和教学手段的改变，因此，教师要改变教学观念，依靠精心的教学设计和课程实施，实现大规模、现代化、高质量的网络华语教学。协作学习的教学策略是协作学习有效实施的保障，也是培养学生协作能力的有效途径。网络化华语教学协作学习需要合理分配参与者的角色，可以在学习活动过

① 陈文莉、吕赐杰、谢雯婷：《GroupScribbles 软件支持的课堂协作学习的设计研究》，载《中国电化教育》，2011(11)。

程中由学生自发分工，也可以由组织者规定学生在协作学习过程中承担某个角色。参与者的角色按任务分为规则制定者、构想提供者、信息提供者、查询者、解释者、提问者、记录者、评价者等；参与者按在协作学习中所起的作用分为统筹者(领导者)、进程观察者、追随者、激励者、调解者等。教师(组织者)要帮助学生明确协作学习的目标并帮助他们合理分工，鼓励学生独立进行任务分工。

此外，网络华语协作学习适合个人无法完成的具有高复杂性的任务。我们要不断提高网络华语协作学习的实效性，实现网络华语课程与协作学习的深层次整合与推广。有效开展基于网络的华语教学协作学习需要具备以下几个要素：小组规模(参与协作学习的学生人数)、进行协作学习的时间、协作学习的材料(供小组使用的资料)、协作学习的工具(认知工具和通信工具等)、协作学习的开展过程(学生进行知识建构)等。教师的评价具有很强的导向性。教师客观的总结、科学合理的评价能促进小组协作学习的有效开展，是促进网络华语教学不断发展的重要措施。评价类型包括教师评价、学生自评、组内互评和组间评价，应注重协作学习的过程性评价和发展性评价，还应设置绩效评价。评价的内容包括学习目标、学习任务、成绩、独立思考和创新能力、学习态度和兴趣等。在小组反思中，小组成员可以探讨协作学习值得推广和发扬的经验、需要改进的地方。同时，教师应给予必要的反馈，帮助学生了解学习进展程度。

第二节　“现象教学”改进芬兰基础教育传统分科教学

一、案例基本信息

芬兰的基础教育教学信息化改革走在世界前列，并在国际学生评估项目(Program for International Student Assessment，PISA)测试中名列前茅。本案例详细介绍了芬兰针对基础教育实施的“现象教学”政策，总结了芬兰在基础教育体制改革上的成果和经验。表 2-5 概括了本案例的基本信息。

表 2-5　案例基本信息

案例名称	“现象教学”改进芬兰基础教育传统分科教学
实施地区	芬兰
实施时间	2016 年 11 月 14 日至今
主要实施者	芬兰国家教育委员会
实施对象	芬兰中小学学生
相关网址	http://www.phenomenaleducation.info/(引用时间：2018-04-10)

二、案例概述

“现象教学”(Phenomenon-based Learning)也称“话题教学”或“融合式教学”，旨在让学生通过跨学科的方法在课堂中观察现实生活中的现象，培养学生分析问题和利用通用知识解决问题的能力。2016 年 11 月 14 日，芬兰国家教育委员会在其官网中指出：“为了应对未来社会的挑战，芬兰将大规模开展‘现象教学’，同时原有的分科教学不会被废除。”①“现象教学”并非要取代传统分科教学，而是鼓励学科整合与跨学科学习，强调不同学科之间的知识交叉，如图 2-7 所示。

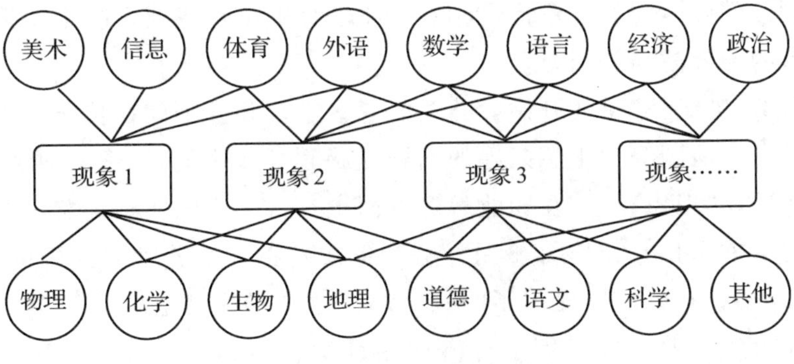

图 2-7　“现象教学”的学科交叉图示

“现象教学”不是一套严格的规则，而是一种教育信念和实践，旨在围绕学生感兴趣的现象或话题实现多学科的融合。“现象教学”聚焦跨学

① Finnish National Agency Education, “Subject teaching in Finnish schools is not being abolished,” http://oph.fi/english/current_issues/101/0/subject_teaching_in_finnish_schools_is_not_being_abolished, 2017-11-20.

科学习，主要培养学生的横贯能力。所谓横贯能力，是相对于传统的学科能力而言的，指不同学科和领域需要具有的通用能力，它需要将不同领域的知识和技能进行整合，以保证学生能够满足个人发展、学习、工作和参与公共事务的需求。芬兰新课程标准提出学生七个方面的横贯能力分别是思考与学会学习能力，文化能力、互动与自我表达能力，自理及日常生活能力，多元识读能力，信息技术能力，工作生活能力与创业精神，构建与规划未来能力。

三、案例实施与推进

(一)实施背景

从历史背景来看，芬兰在历史上多次受到邻国侵略，1917 年独立后又陷入内战，后又经历第二次世界大战。战争和内乱使得芬兰人民认识到教育才是振兴国家的根本路径，并且致力于通过大胆的教育改革来改善教育环境，优化教育结构和提高教育质量。芬兰教育大致经历了三次变革，从 20 世纪 80 年代重视教育理论和方法的探索与实践，到 20 世纪 90 年代强调信息技术和自我管理，再到 21 世纪重视教育结构与管理机制的效能。① 芬兰基于不同时代的背景和发展基础，制定了适合时代需求的发展战略和目标。

自 20 世纪 80 年代开始，芬兰的一些学校和教师就在传统学科教学之外，自发地围绕学生感兴趣的话题开展教学，这就是“现象教学”的雏形。此外，“现象教学”在职业教育方面也具备一定的实践经验，形成了相应的学校文化。2015 年 3 月，芬兰正式发布了培养学习兴趣的《国家核心课程大纲》，明确提出了“现象教学”这一核心概念，关注学生实践操作能力的培养，并设置了许多实用性课程，如家政课(烹饪、烘焙、理财、洗衣及垃圾分类等)和手工课(木工、编织、缝纫等)等。与灌输式教学不同，芬兰基础教育注重培养学生的交际能力、信息技术处理能力、个人规划能力、日常生活应对技能等综合能力，致力于通过教育促进学生“听说读写思用”全面发展，从而使学生为未来人生做好准备。

---

① 曾雄军：《挑战与应答：90 年代芬兰高等教育的变革》，载《比较教育研究》，2002(5)。

(二)实施方案

“现象教学”的基本程序是展示现象→描述现象→解释现象形成的原因及影响→分析现象的结果→分析解决方法。从教学实施环节看，“现象教学”主要包括现象或话题的选择与学时规划、教师备课与教学、学生学习与效果评估三部分。在实施过程中，教师要调动学生的思维，让学生通过现象去发现现象背后的本质和规律。

1. 现象或话题的选择与学时规划

现象或话题的设计必须基于生活现象、现实需要以及学生的特点，而不能选择虚拟的、幻想的、不真实的生活现象。各年级的话题由教师自主选择。教师选取的现象要具有一定的典型性和代表性，能够通过现象展现其背后的规律。同时，学生也必须参与到学时规划之中。“现象教学”的目的是让学生更好地回归生活，所以学习的主题应来源于生活中的真实现象。例如，12 月 6 日是芬兰独立日，那么教师就可以选择“独立日”进行教学；国际恐怖分子频频在世界各地制造恐怖事件，那么教师可以就“恐怖组织”及其有关的现象进行教学等。

单个现象或话题的学时可以根据教学需要来确定。由于“现象教学”涉及多学科内容，因此其学时一般是 2 学时以上，多的甚至可以到 16 学时。芬兰 2016 年的《国家课程框架》并没有规定学校“现象教学”的具体内容和话题，而是规定了各学校先自行试点和决定，然后再在全国挑选优秀的现象或话题进行推广。

2. 教师备课与教学

小学阶段的“现象教学”一般由一个教师进行。该教师对现象或话题涉及的所有知识进行综合。在教学中，教师不会人为地把知识划分为各学科知识，而是强调融合式教学。例如，在小学三年级的烹饪课上，教师要教会学生怎样做菜，并且要分析为什么要这样做。该课程涉及的知识包括烹饪温度、食物储藏与发酵所涉及的物理、化学、生物知识，食材搭配所涉及的营养、色彩知识，食材购买的价格、时机、地点所涉及的经济、地理、交通、语言沟通等知识。

中学阶段的“现象教学”一般需要若干相关学科教师围绕现象或话题进行充分沟通和协调。不同学科教师之间既各尽其职又相互协调。在备课阶段，教师围绕同一现象或话题进行个体个性化备课；在课堂教学阶段，各学科教师进行合作教学，即一堂课可能由 2～3 个甚至更多个相关学科教师共同协作进行教学，让学生对现象或话题的认识形成系统的整体，而非孤立的单科知识。

3. 学生学习与效果评估

“现象教学”的学习方式不再仅仅是传统的学生被动坐在教室听课或者等待被提问，而是设置了更多自主学习、合作教学、研究性学习、社会实践等活动。学习效果的评估主要包括学生自评、组内互评、教师评价三个部分。教师教学效果的评估主要包括学生对教师的评价和授课教师之间的互评等。这些评估既有细化的量化评价，也有描述性的质化评价；既有过程评价，也有结果评价，力求做到评价的客观、公正和全面。

(三)实施效果

芬兰教育和文化部部长桑尼(Sanni)指出，芬兰的教育制度并非为了使学生在PISA中有出色的表现，而是使所有的学生都能拥有学习能力，从而能够应对未来社会的要求。[①] 芬兰放弃了强制的标准化测试，除了高中最后一年的年底考试，不对学生、学校和地区进行排名，不进行比较和竞争。芬兰新的课程大纲要求学生参与基于现象的课程，希望学生在教学过程中扮演更加主动的角色，通过采用不同的学习方法，让每一名学生在各自感兴趣的领域取得成功；通过建立平等和公平的教育制度，让学生接受高质量的教育。不论他们的家庭背景、性别如何，他们都可以就读于离家最近的学校，并且接受世界一流的教育。根据OECD的调研结果，芬兰学生之间的学业水平差异是世界上最小的。

四、案例特点与创新

(一)案例特点

1. 基于现象探索现实生活

杜威提出“学生中心、活动中心、社会中心”三中心论，强调教育即生长、教育即生活、教育即经验的改组和改造，认为学校科目相互联系的真正中心，不是科学，不是文学，不是历史，不是地理，而是儿童本身的社会活动，并且创建了新的“社会活动中心”课程模式。受杜威三中

① 周岳峰：《芬兰教育和文化部长谈国家核心课程改革》，载《世界教育信息》，2017(3)。

心论的影响，芬兰“现象教学”以社会生活现象为主题，以学生为中心，以问题和情境为纽带，强调学生要在学习中主动探究，不断尝试和自我提升。与生活和社会实际相结合并培养适应生活、适应未来的人，基于“现象教学”的教育不再是枯燥和抽象的，不再是固定和僵化的，而是充满了生命活力和生活气息的。

2. 基于主题实现课程整合

在传统的学科教学中，学科与学科之间、学科与教学生活之间存在相互隔离的问题，特别是以“应试”为目的的教学模式体现了碎片化、抽象化、非自主化的特点。芬兰的“现象教学”将知识整合在具体而真实的现象或主题中，有效打破了学科之间的围墙，将碎片化分科知识进行融合教学，引导学生根据现象或主题的需要整合相关学科并进行自主学习。“现象教学”把重“分科学习”转变为重“综合学习”，把关注学生“学了什么”转化为关注学生“发现了什么”。

3. 基于活动强调合作探究

以“现象教学”为核心的芬兰课程改革强调培养合作与探究精神。传统学科教学重视“高效率、大容量、快节奏”，在教学中进行高密度的知识灌输，让学生进行碎片化学习和硬性记忆，为了提高标准化测试的成绩往往采用过量和低效的题海策略。在“现象教学”中，所有学生都全程参与选定主题、设计课程，甚至参与具体的组织实施和评价反馈的过程。教师的主要职责是辅助学习，在疑难处进行点拨和指导，在关键处进行引领和提升，以充分挖掘学生的学习潜能，让学生在学习的过程中将知识转化为能力。

(二)案例创新点

1. 保留学科教学，试行跨学科教学实践

芬兰国家教育委员会明确表示虽然新课标的实施会给学校和课堂带来一定变化，但是芬兰学校不会取消学科教学，而只是要求学生每年至少参加一次基于现象的跨学科学习。芬兰教育改革鼓励培养学生的横贯能力和跨学科学习的能力，鼓励学生可以基于某一具体现象同时展开多个学科的学习。但是“现象教学”对教师的专业学科素养有着很高的要求。能够单独完成主题教学的教师必然是精通各科知识及先进教学技巧的综合型教师。不同学科的教师应该强调学科合作、学科交叉等领域的教学训练。

2. 基于生活教学，多元化培养学生能力

“现象教学”基于生活现象和话题，促进学生主动学习、创造性学习，促使学生关注生活、勤于思考、学以致用，有利于学生掌握生活所需知识和能力来应对工作和生活中的现实挑战，让知识回归生活，让学习融入社会，改变传统学科教学知识之间孤立化、碎片化的现状，克服传统分科教学“去生活化”的弊病，使教学能完整、系统、全面、真实地反映生活、贴近生活、回归生活、贴近学生、贴近实际、贴近真实，培养学生的分析能力和综合能力。

3. 教师转变角色，培养学生批判性思维

“现象教学”强调的不仅仅是灌输单一的学科知识，更加强调对学生技能的培养，引导学生掌握学习知识的方法，养成批判性思维，提高学生人际交往、自主学习、运用科技的能力。所以在具体教学的过程中，“现象教学”更多强调的是合作教学、跨学科学习和互动式学习，比如，将学生分成各种小组一起解决问题，发挥不同学生的学科优势，让学生在沟通讨论、搜寻资料、合作探究中发展各方面的能力。教师不再仅仅是知识的赋予者和答案的提供者；学生也不再只是被动地听课，不再消极接纳课堂上的内容；学校将成为师生互动的共同体。教师的角色更像是一名指导者、引领者，设法帮助每一名学生找到适合他们自己的学习方法，让他们感觉到自己被接纳、尊重和信任，使学生更加愿意借助互联网、图书室等资源和一体机、平板电脑等现代技术手段自主寻找问题的答案，积极主动地获取知识和培养技能。

4. 重视教学实践，量化和质化评价相结合

在“现象教学”中，师生一起探索现象或话题所涉及的生活知识、专业知识、相关学科知识及教育学、心理学等方面的知识，同时教师一起备课，一起学习，相互交流和评价学习效果。评价采用综合评价方式，主要包括学生自评、组内互评、教师评价三个部分。教师教学效果的评估主要包括学生对教师的评价，授课教师之间的互评等。这些评估中既有细化的量化评价，也有描述性的质化评价；既有过程评价，也有结果评价，力求做到评价的客观、公正和全面，促进教师的教学发展和学生的全面发展。

五、案例经验与启示

针对我国中小学阶段课程分科设置、课堂讲授式教学、内容去生活化的问题，芬兰的“现象教学”值得我们学习和借鉴。从课程设置上看，我国义务教育阶段主要采用分科课程，但是分科课程注重本学科知识内在的结构体系，容易导致学科之间的割裂，束缚学生的发散性思维，不利于学生从整体上把握不同知识之间的内在关系。“现象教学”强调建立一种新型课程体系，探求不同学科在内容和结构上的结合，力求实现学科、社会和学生的整合。课程整合主要有以下两个维度：一是横向整合，即不同学科之间的跨学科整合；二是纵向整合，即学科内部的结构化调整与融合。“现象教学”综合了学科发展、社会和学生诸多要求而形成课程体系的过程，也是它自身整体性不断增强的过程。对于学生而言，打破学科的边界能够使得他们的自身素质实现整体化呈现，在事物的彼此联系中发展理解力和对真实世界进行比较全面的解读。

“现象教学”对于促进学生综合素养的提升具有标杆作用。芬兰的基础教育从生活现象出发，注重培育学生的社会责任、人文底蕴、科学精神、审美情趣等多个方面的素养；在“以人为本”的前提下，基于自主探究、小组合作、生活实践的教学方法，给学生创设自主探索和实践的平台，让学生在兴趣的指引下进行“卷入式”学习。我国经历了从注重基础知识、基本能力的“双基目标”，到倡导知识与能力、过程与方法、情感态度与价值观的“三维目标”的转变。2015 年，教育部逐步完善中小学生开展社会实践的体制机制，把学生参加社会实践活动的情况和成效纳入中小学教育质量综合评价和学生综合素质评价，进一步丰富了综合素质的内涵。随着社会信息化、全球化进程的加快，传统“重知识”“轻能力”的教学目标不再适应时代的需求，而拓展学生学习潜能，促进学生身体素质、科学素质、心理素质等多方面素质的提高成为我国应对未来教育挑战的重要方向。

此外，“现象教学”对传统教学模式进行了大胆的创新和尝试。基于现象的开放式教学模式为教学营造了良好的学习氛围，鼓励学生针对现实问题发表自己的看法和态度；通过让学生进行真实的合作，学习隐含于问题背后的知识，让学生在学习的过程中形成自主学习和解决问题的能力。我国传统填鸭式的教学模式注重知识的传授，强调教师在学习中的主体地位，不利于学生运用自己的元认知挖掘自身潜力，忽视了学生个体经验的获得。相比而言，“现象教学”主张学生在实际活动中通过发现和解决问题来学习，强调亲身体验和增长经验，能够促使学生的兴趣和才能得到自由发展，对我国教学模式改革具有借鉴意义。

第三节　亚利桑那州立大学 STEM 水资源研究项目

一、案例基本信息

本案例展示了美国亚利桑那州立大学为培养学生核心素养而开展的 STEM 水资源研究项目。表 2-6 概括了本案例的基本信息。

表 2-6　案例基本信息

案例名称	亚利桑那州立大学 STEM 水资源研究项目
实施地区	亚利桑那州立大学
主要实施者	政府机构、私营公司、基金会和非政府组织
实施对象	亚利桑那州立大学的学生
相关网址	https：//arizonawet. arizona. edu/(引用时间：2018-04-10)

二、案例概述

亚利桑那州立大学的水资源研究项目是一个典型的 STEM 学习共同体项目。该项目以环境与水为主题培养学生 21 世纪的核心素养，一方面旨在通过水资源主题的学习，提高学生的生活与职业素养、学习与创新素养、信息媒介与信息技术素养等核心素养，另一方面旨在通过对教师进行专业培训，促进教师专业发展，指导教师设计相关课程及评价措施。该项目得到了学校、企业、政府机构、家庭以及社区的支持。在这个学习共同体项目中，亚利桑那州立大学采用的评价方式是让学生提交水资源学习的调研分析报告，同时参加研讨会，展示自己的研究成果，给予学生自主学习和自我展示的平台。

三、案例实施与推进

（一）实施背景

美国国家科学委员会于1986年首次提出“科学、数学、工程和技术教育集成”。该概念的缩写是SMET，被看作STEM的开端。此后，美国科学基金会把STEM（Science，Technology，Engineering，Mathematics）用作描述这四个学科的专有名词。美国政府认为，一个国家能取得成功的原因就是科技创新与发展，而下一代创新能力的关键就是做好教育，尤其是STEM教育。在高速发展的21世纪背景下，一个人要想获得成功，就要在当今复杂的世界中保持竞争力，每个人都需要具有快速掌握新的知识技能以解决复杂问题，以及收集和评估信息的能力，尤其是从各种数字媒体中获取信息的能力。STEM教育被认为有助于培养学生的科学探究能力、创新意识、批判性思维、信息技术能力等未来社会必备的技能和创新能力，并有可能在学生未来的生活和工作中持续发挥作用。①

目前，各个发达国家已经在教育改革中积极推进STEM教育，同时各国政府和相关部门陆续把STEM教育纳入课程体系。美国研究委员会和国家工程院强调要把STEM纳入K-12教学之中，让学生从小接触STEM学科知识，为他们在高等教育乃至职业生涯中选择STEM相关专业做准备。在此背景下，STEM教学已陆续在各学段的学校中开展。亚利桑那州立大学的水资源研究项目便是美国21世纪技能课程改革催生出的项目之一。

（二）实施方案

亚利桑那州立大学位于美国亚利桑那州的凤凰城。该大学所在的地理位置属于热带沙漠气候，降雨量极少，常年缺水。在此背景下，亚利桑那州立大学结合现实需求和STEM课程内容启动了水资源研究项目。

① 金慧、胡盈滢：《以STEM教育创新引领教育未来——美国〈STEM 2026：STEM教育创新愿景〉报告的解读与启示》，载《远程教育杂志》，2017(1)。

该项目从社会现实需求出发，强调生活中水资源的重要价值，同时对在职教师进行相关培训，提升教师的STEM课程教学能力。该项目获得了包含英特尔在内的44家企业以及大学、政府的支持。该项目由以下几个子项目组成。

1. 学校社区水资源检查(School Water Audit Program, SWAP)

学校社区水资源检查如图2-8所示。学生通过检查和分析学校社区水资源的使用情况，自发地对社区水资源进行实践探究，利用应用科学和数学知识提出节水方法，同社区合作共同促进节水行动。在这个子项目中，学生安装节水工具，改变社区的用水情况，并且教会家长或邻居使用节水装置。经过一段时间的观察和实验，该项目共节约了超过5000万加仑[①]的水。

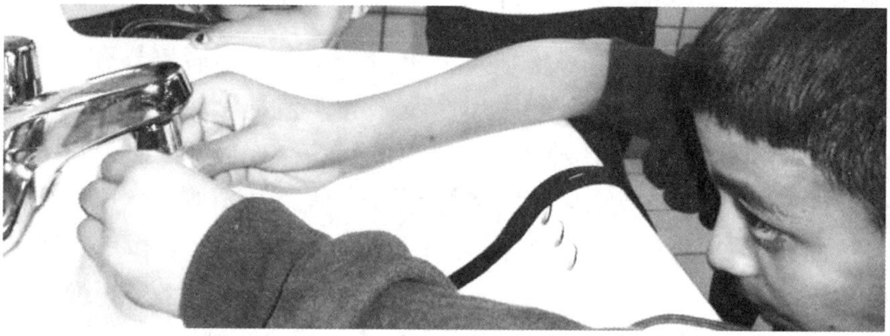

图2-8 学校社区水资源检查

学校社区水资源检查是一个现实世界中关于STEM的教育计划。该项目通过产生可信的所节省的用水量数据来加强学校与社区之间关于高效用水的责任意识。该项目通过检查使用者每天如何使用水让学生研究节约用水的技术方法，并引导学生安装节水设备，从而促使使用者更有效地用水。他们设计和实施节约用水方案的场景，如图2-9所示。在解决

图2-9 学生实地安装节水设备

① 1加仑(美制)≈3.8升。

问题后，学生团体与其他学生和成人分享他们的发现、想法和建议。

学校社区水资源检查课程是通过一个有意义的科学和工程过程来激发学生对用水进行探究的课程。在介绍用水清单之后，审计部门要么进行室内重点调查，要么进行户外调查。每个部门的第一个单元被设计成一个教师驱动的单元，教授科学、数学思维和调查过程。随着项目的进行，研究的问题会随着变化而增加难度，具体实施流程如图 2-10 所示。在每一个单元的最后一个环节，学生负责设计他们自己的调查：编写一个程序，准备数据图表和设备清单以及执行调查，展示他们的学校水审计结果，分享他们关于节约用水的想法和建议。

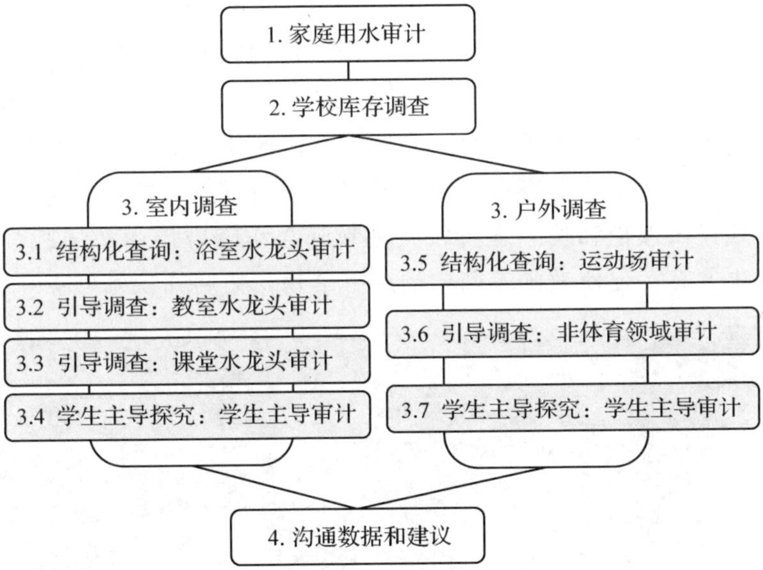

图 2-10　学生项目实施流程图

2. 亚利桑那州水节(Arizona Water Festival，AWF)

亚利桑那州水节如图 2-11 所示，指教师将学生带出校园，用一天的时间来庆祝水节。迄今为止，有 1000 多名学生参与过水节，亲身体验了水方面的知识。参与的学生主要为小学四年级学生。此外，参加过的学生作为志愿者培训后面的学生。水节的举办促进了学生对课程的学习，深化了学生对水循环、集水区等相关知识的理解，促使社区参与并支持教育活动，进而扩大项目的影响力。

图 2-11　亚利桑那州水节场景

3. 教师学院(Teacher Academies, TA)

如图 2-12 所示，一方面，教师学院为教师的发展提供有针对性的培训，帮助教师掌握教学规律，探究 STEM 课程的教学方法，指导教师激发学生的批判性思维、解决问题能力，促使教师主动参与各种途径的学习、培训，不断促进自身专业发展；另一方面，教师学院为教师的教学实践提供理论和技术支持，鼓励教师在实际应用中拓展教学思路，创新解决方案，促使教师不断接受新鲜事物，拓展知识领域。

图 2-12　教师学院中的教师培训场景

4. 水资源现场勘探(Water Scene Investigation, WSI)

水资源现场勘探如图 2-13 所示，主要是让学生通过调查并科学收集关于用水的数据。调查者需要采用头脑风暴方法了解家庭用水方式，学习水资源应用的有效技术，学习如何在水龙头上安装水流测试器，并遵循一套步骤测试水流和水资源使用情况，将数学知识应用于实践，分析科学数据并得出结论，最后提出建议与策略。该子项目可以让五年级到九年级的学生聚焦水资源的保护、节约和勘察。它是一个为期两天的项目。在这两天内，学生获得关于数据收集与处理等方面的知识技能。两天之后，学生在课外完成作业。在此项目中，学生可以在线获得项目指导说明书、数据表格，并在线提交自己的分析报告。

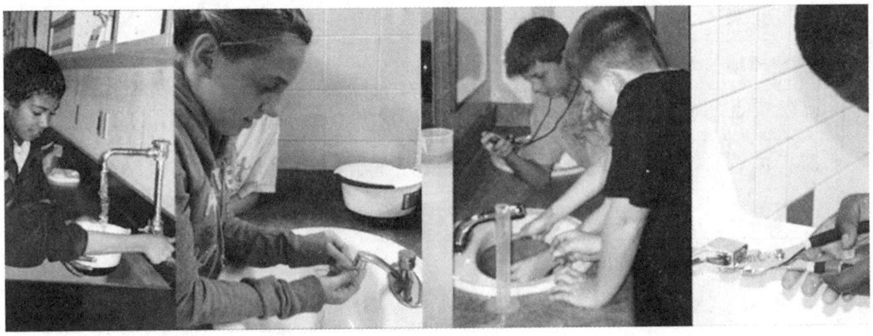

图 2-13　水资源现场勘探

水资源现场勘探通过轻松有趣的方式让学生和社区成员到现场调查并真正做到节约用水。这项活动包含对用水和用水技术的公开审查，包括在家里安装一种简单的节水工具——水龙头曝气器。研究人员测量使用者水龙头节水灌溉的平均流量，并与安装新的曝气器后的流量相比较，报告使用者的节约用水量，并与其他人的用水量进行比较，从而鼓励他们在亚利桑那州节省更多的水。

(三)实施效果

美国 21 世纪学习体系指出，21 世纪关键素养的培养，需要在支持系统的帮助下，依赖核心学科与 21 世纪主题等具体内容的学习。其中，支持系统包括学习环境、教师专业发展、课程内容、评价方式四个方面；21 世纪主题分为全球意识、理财素养、公民素养、健康素养与环境素养五个部分。本案例在商业、学校、政府机构、家庭以及社区的支持下，设计相关课程及评价措施，依赖对水资源主题的学习，培养学生的 21 世纪核心素养。亚利桑那州立大学的水资源研究项目案例分析如表 2-7 所示。① 亚利桑那州立大学的水资源研究项目形成了小区学习共同体，不仅促进了教师专业发展，改革了教师的教学实践，而且在课程

① “Framework for 21st Century Learning,”http：//www. p21. org/about-us/p21-framework，2017-11-09.

内容方面做出了改变，将课堂教学与实践相结合，整合了校内外信息资源。评价方式也丰富多样，所以学生需要提交实地调研分析报告并且以不同方式展示研究成果。

表 2-7　亚利桑那州立大学的水资源研究项目案例分析表

分类	框架	内容
支持系统	学习环境	商业、学校、政府机构等的参与，形成了小区学习共同体
	教师专业发展	教师学院帮助促进教师的专业发展，改革教师的教学实践等
	课程内容	学科整合，校内外资源整合，课堂教学与实践结合
	评价方式	学生提交调研分析报告，参加研讨会，展示研究成果等
核心素养	生活与职业素养	学生将学会的节水方法教给家长与邻居有助于培养学生的社会责任感等
	学习与创新素养	学生通过头脑风暴分析数据，得出结论，提出建议，探究实践问题等过程，提升了批评思维与问题解决能力；团队合作进行研究、实践并汇报，对学生的交流沟通与合作能力有促进作用
	信息媒介与信息技术素养	学生利用网络查找、筛选、整合所需要的信息，将技术作为工具解决在研究中遇到的问题

四、案例特点与创新

基于项目的学习是 STEM 教学活动最常用的教学方式或学习方式之一。亚利桑那州立大学的水资源研究项目整合了四个项目，分别是学校社区水资源检查、美国亚利桑那州水节、教师学院和水资源现场勘探，通过 STEM 主题整合课程内容，开展项目学习。基于项目的合作可以为不同学科教师提供交流合作的机会，有利于消除不同教师之间的学科界限。学生可以通过商讨完成学习任务，共同规划学习步骤，并在解决问题的过程中完成知识建构。STEM 教育提倡学校之间、学校与社区或企业之间建立合作伙伴关系，形成协同联动的知识创新共同体。其中，学校教育可以通过创建有效的 STEM 课程资源、创新教学方法和教学活动，促进学生参与 STEM 教学，并通过科学的评估改进课堂教学。亚利桑那州立大学的水资源研究项目以环境与水为主题培养学生

21世纪的核心素养，得到学校、企业、政府机构以及家庭、社区的支持，构建了学校、社区、高等节约机构等之间的STEM网络。

STEM教育强调将技术融合到课程教学中，提高学生运用技术分析和解决问题的能力。探讨不同阶段STEM教育中技术的运用情况、信息资源的利用状况以及技术与课程的融合情况等，可以让师生及时了解目前技术与课程融合的问题，从而使师生采取针对性措施利用信息技术优化课程教学。学校社区水资源检查和水资源现场勘探项目，鼓励学生将技术与课程融合，鼓励师生不断创新教学方法和技术应用方式，把信息技术融入创新教学和创意实践。

五、案例经验与启示

核心素养是可教、可学的，能够通过接受教育来形成和发展。除了学校教育，工作、同伴、文化生活、家庭等都会影响人素养的发展。素养不仅仅是个人努力的结果，同时也需要一个良好的社会和生态环境。即使一个人努力学习，若没有良好的社会环境、家庭环境的支持，也难以实现素养的健康发展。建立一个学校与社区、家庭、企业、政府之间资源共享的学习共同体机制，共同为学生提供一个良好的外部学习环境，是培养个体核心素养的重要条件。

为了取得好成绩，教师只是不断地以应试高分的目标去教学，并没有对核心素养进行过多关注。究其原因，便是目标与评价标准之间的脱节，即教师将评价标准视为教育的终极目的，忽视了教育人的基本目标。因此，核心素养框架的实施一方面需要做好顶层设计，依据不同的教育阶段设定学习重点，制定课程标准体系；另一方面，要制定与核心素养、课程标准体系一致的多元教育评价体系。

核心素养培养的过程侧重学生的自主探究与亲自体验，需要教师在实践中摸索、感悟。在课程开发中，教师要给予学生讨论、交流与探索的时间。观点的碰撞、质疑、探究、对话等都是核心素养发展的必要过程。另外，学科之间的知识原本就是融合的，学生所面对的生活议题、社会问题等也都是多元复杂的，因此，课程开发过程也需要跨学科整合。核心素养培养要落实到教育实践的过程中，教师的中介作用不可忽视。这是教育实践中重要的一环，对教育实践结果的好坏起着关键作用。各个国家对核心素养的研究都十分重视对教师的专业培训，如此，要在我国推进学生核心素养的落实，必须将核心素养理念与课程设计融入职前与在职教师的专业训练，培养出21世纪的创新型教师。

STEM教育并不是简单地将科学与工程组合起来，而是要把学生学习到的知识与机械运转过程结合起来，转变成一个相互联系的过程。STEM课堂教学常常是基于真实问题的探究性学习，强调学生在复杂情境中发展解决问题的能力。我国在重视STEM教育发展的同时，应该思考如何为STEM教育提供创新的、健康的发展环境和机遇，需要考虑在国家层面规划未来STEM教育的课程设置方式、师资培养模式和教育创新模式，增加学科融合的正式和非正式探究类课程类型，帮助学生冲破现有分科教学的局限性，使学生学会用多学科知识解决问题的方法，以培养学生解决真实问题的能力、创新思维和科学素养。另外，我国还需要思考STEM教育的推广和规模化，拓宽社会参与路径，加大宣传和资金投入力度，将STEM教育和学校教育、创客教育、实践社区等方面结合起来，增强STEM教育的参与性、共享性和普及性。

第四节　中国香港特别行政区移动户外探究学习活动①

一、案例基本信息

本案例介绍了通识教育课程在中国香港特别行政区的实践情况，并解释了教师如何运用议题探究法促进学生在课程上的学习，继而分析了信息技术在其中发挥的作用；通过提供相关案例与操作介绍，讨论了相关应用的实践优化。表2-8概括了本项目的基本信息。

① 案例提供者：庄绍勇，香港中文大学教授。其他参与人有张展玮、姜毅超、陈涛、谭伟略、许明德。此项目由香港研究资助局资助(项目编号：14616815)。

表 2-8　案例基本信息

案例名称	中国香港特别行政区移动户外探究学习活动
实施地区	中国香港特别行政区
实施时间	2016 年到 2017 年
主要实施者	香港中文大学学习科学与科技中心
实施对象	高中生
相关网址	http：//ev-cuhk. net/(引用时间：2018-04-10)

二、案例实施与推进

(一)实施背景

香港在 1997 年回归祖国后进行了一系列的教育改革，除了在教学语言上扩大母语教学外，在课程规划上也迎来了革新。2004 年，香港教育统筹局在咨询教育各界后，在翌年颁布了高中学制以及课程改革方案。此次课程改革把原本属于高考选修科目的通识教育课程列在新高中课程内，成为与汉语、英语、数学并列的必修科目，引起了较热烈的讨论。[①] 学生需要在这四门课程中取得特定要求的成绩才能进入大学。因此，通识教育课程在顷刻间被提高到前所未有的地位，连带其相关的“议题探究法”也被纳入公众以及学术的讨论话题。

过往文献鲜有对通识教育课程的教学实践进行详细讨论，相关教学案例也十分缺乏。胡少伟博士及其团队在 2007 年曾撰文讨论通识教育课程的本质、议题探究法的操作与实践及其在推行上所面临的挑战。[②] 在现今的教学环境中，信息技术已全面融入教学情境，但其在教学以及通识议题探究上能够发挥怎样的作用则未见有论者专门提及。本文希望通过教学实践案例的介绍与解说，弥补过去文献探讨在这方面的缺漏。通过了解当今信息技术的发展及其在通识课程中议题探究学习方面的应用，一线教师及其他教学工作者能够知道该“做什么”以及“如何做”，以

① Jong, M. S. Y. , “Empowering students in the process of social inquiry learning through flipping the classroom,” *Journal of Educational Technology & Society*, 2017, 20(1).

② 胡少伟、容万城、徐慧旋等：《实践通识教育科的挑战：一个调查研究的分享》，载《香港教师中心学报》，2007(6)。

提升香港高中生在通识教育课程中的学习成效。

1. 通识教育课程在香港的实践情况

香港课程发展议会和香港考试及评核局于2007年出版了《通识教育科课程及评估指引》(下称《指引》),详细列明了通识教育课程的教学目标、教学内容和实践方向,为教师以及教育研究者提供了重要的参考素材。《指引》的第13页至第42页详细列出了教学内容所包含的范围,包括“三大范畴、六大主题”,涵盖“个人成长与人际关系”“今日香港”“现代中国”“文化”“公共卫生”“能源科技及可持续发展”六大主题。这六大主题的内容知识实质上对应心理学、社会学、政治学、文化研究、公共卫生以及环境科学等相关概念与理论,是“大学学习中学化”的一个转移过程,以全面提高香港中学生的学术素养。在高中两年半的教学时间内,学生需要完成180小时的课程研读和一个“独立专题探究”。探究的性质类似学生自己做一个研究,包括设定研究题目、研究背景、研究方法及研究结果等元素,以培养他们独立、自主、博学以及具有批判性思维的良好素质。

2. 议题探究法背后的理论框架

通识教育课程作为一门培养学生独立思维、包含广泛内容的课程,在科目的教学上强调与传统学科不同。通识教育课程不鼓励直述式教学,也不鼓励背诵,而鼓励学生通过发现问题,共同进行探究,从而把知识逐步建构出来,这种方法称为议题探究法。参照整份《指引》,议题探究法共出现了25次。《指引》则用了以下一段解释了议题探究法的本质:“通识教育科采用议题探究的学习教学方法,鼓励学生独立学习以追求知识,并对新的事物持开放的态度。透过探究和本课程主题相关的议题,学生可学习找出不同主题和学科之间的联系,以及了解知识的复杂内涵和组成。教师可采用发展性的模式,以不同的学习教学策略,帮助学生较全面地了解议题,掌握相关事宜,分析问题的核心,进而对相关的观点做出合理的判断。”

根据《指引》的这段内容,通识教育课程采取议题探究法的核心是学生要对新事物持开放态度,并要认清现象,同时发掘问题核心,理顺新旧事物之间的关系,从而建立一套属于自己的看法。这套学与教的策略与斯特里普林(Stripling)的探究理论有相呼应之处。斯特里普林的理论强调探究和建构知识需要经历六个阶段。本文将以“都市市区重建”为例做进一步解释。

在斯特里普林的探究理论中，第一个阶段是学生与环境产生“联结(connect)”，即学生要与客观世界的学习对象产生一种联系，使学生愿意关心这一对象。例如，我们希望学生关心都市旧区重建，而单纯地通过文字或影片讲授难以让他们真正关心旧区，导致学习沦为抽象的知识传授。可是，如果他们亲历其境，见证旧区楼宇结构的问题，便会开始关心是否有重建的需要。因此，“联结”是学习的第一步，是一种知识与学生经验之间的共生关系。接着，学生对环境“产生兴趣(wonder)”，即学生在与环境客体产生联结后，会对于这一新认知的客体产生兴趣。而基于这种兴趣，他会渴望进一步认知这一事实的真相。同样，在旧区重建课题中，学生与旧区环境产生联结后，便会开始关心旧区以后的发展方向。前两步为之后的探究过程奠定了基础。学生在认知旧区目前潜在的问题及当中存在的关系网络后，便会开始就不同的市区重建方案进行“探究(investigate)”和情境脉络分析，思考究竟怎样的发展计划才是最符合当地居民需要的，继而会发展并“建构(construct)”自己的一套假设，并尝试形成较完整的见解。见解形成后，学生会向其他人“表达(express)”自己的看法，而他人的反馈会促使学生再进一步“反思(reflect)”自己看法的优势与不足。

当今的教育情境常常会使用一些发达的信息技术，所以学生可以应用移动设备进行户外学习以体验斯特里普林探究理论中的每一步。以往学者曾就其中教师的关注点进行了深入分析。[①] 通过结合相关知识，本文下面部分将会以学案的形式阐述学生可以如何借助移动设备以增强探究体验及学习成效。

(二)实施方案

1. EduVenture® 介绍

EduVenture®是一款移动设备上的应用程序，用于帮助学生通过移动设备进行户外社会探究活动。这一系统由香港中文大学学习科学与科技中心研发，由三部分组成，分别是 EduVenture® Composer、Edu-

① Jong, M. S. Y. & Tsai, C. C., “Understanding the concerns of teachers about leveraging mobile technology to facilitate outdoor social inquiry learning: The EduVenture experience,” *Interactive Learning Environments*, 2016, 24(2).

Venture® eXplorer 以及 EduVenture® Retriever。EduVenture® Composer 用于设计课件，教师可经此系统为学生设计探究活动；EduVenture® eXplorer 则是让学生进行户外探究活动的移动应用程序；EduVenture® Retriever 则用于教师获取学生在户外探究活动的成果。EduVenture®系统是一款针对以往传统户外探究活动所面对的难题而研发的学习程序，旨在为学生提供一个全新的户外探究环境平台。

表 2-9　传统的户外探究活动与应用 EduVenture®进行的户外探究活动的比较

传统的户外探究活动	应用 EduVenture®进行的户外探究活动
教师需要花很长时间设计工作纸	可以为教师提供一个全面的系统以支持户外探究活动前期与后期的工作
学生在学习过程中的学习动机难以保持	电子平台与移动设备可以协助教师更便捷地训练学生的高阶思维
学生之间协作较少	学生之间有更大空间进行协作学习
活动过程中的鹰架效果并不明显	明显的鹰架效果引导学生一步步地进行探究学习
教师难以在活动后给予学生适切的回应	配合香港特别行政区教育局《第四个信息科技学习策略》发展移动设备学习方式

一直以来，探究学习都被应用于人文社科课程的学习中，这也是通识教育课程所强调的主要学习方式。相对于在自然科学中通过探究去寻找一个固有答案，社会科学更强调从不同角度探究答案，以得出不同结论。我们应用 EduVenture®于探究学习上，主要是希望为学生提供开放式平台，进而去发掘一些社会议题的答案。这一学习过程强调的是学生在不同层面与社会的互动，把不同的价值与兴趣连联在一起。相对于传统学科的书本学习，这更是一种非线性的学习过程，它通过发问与探究来进行信息处理，以建立一个新的知识探究方式去理解世界。本学案共分两部分：第一部分介绍学生在探究过程中的经历；第二部分展示教师制作课件的过程，并提出一些应用 EduVenture®进行户外探究活动的实践方法让教师参考。

2.“湾仔区重建探究计划”学案的背景

“市区重建”一直都是发达城市需要进行的工程。这一过程会牵涉城市规划、居民生活、经济发展等不可忽略的因素。在香港的港岛区，正在进行的湾仔区重建项目，引起了社会各界热烈的讨论。有环境保护人士认为，活化湾仔区历史建筑，会令原本的建筑物失去承载历史的价值，使香港失去承载“本土回忆”的载体；政府与开发商则认为活化历史建筑用作商业能带来更高的商业回报，能促进香港的经济发展；湾仔区居民对此的立场更是不一。这一点说明，整个“市区重建”的过程会出现不同程度的争议，因此，让学生亲历其境，探究其中的争议，有助于他们分析不同的社会议题。

这次探究学习旨在让学生探究市区重建局重建湾仔区的策略，了解以及分析不同利益相关者的观点与理由，期望学生在完成此次探究活动后，能对市区重建有更深入的了解。这一过程在日后可用于分析其他相似的议题，从而增强学生的分析能力。

学生进行此次探究活动需要使用具有全球定位系统(GPS)功能的平板电脑或手机以及 EduVenture® eXplorer 等程序。在进行探究活动前，教师需要让所有学生都先持有移动设备，并下载 EduVenture® eXplorer，接着进入 EduVenture® eXplorer 移动程序。有关 EduVenture® eXplorer 的简介如下。

EduVenture® eXplorer 是一款帮助学生进行户外探究活动的移动应用程序，通过装有全球定位系统的设备，让学生进入教师预先设计好的教材。当学生进行户外学习时，EduVenture® eXplorer 会通过一个虚拟人物图像显示学生当前所处的实际位置。随着学生的不断移动，虚拟人物图像也会随之移动。当学生进入教师事先设计好的探究地点时，地图中的鹰架便会打开。学生此时可以通过教师设计好的探究问题去进行探究学习。学生在学习过程中的记录，包括移动路线及对探究问题所做的回应等，都会被自动储存至云端系统。

3. 探究过程的设计(学生如何使用 EduVenture® 进行探究)

(1)下载 EduVenture® eXplorer 至移动设备上

进入 EduVenture® eXplorer 后，学生会看到一个充满不同教材的页面。这时学生便可以点击教师预先准备好的教材，以进行探究活动。

(2)进入 EduVenture® eXplorer 下载相关探究教材

当学生点击课件后，课件便会马上下载到学生的设备上。课件的左上方会出现蓝色的“Local”字样以提醒学生课件已经被下载到本地。

(3)进入课件后，课件呈现探究地图与探究热点

点击课件后，学生会看到一幅湾仔区地图，地图上会出现不同的热点，每一个热点都会被一个圆圈覆盖。每一个位置都会有一个“大头针”来显示探究地点，“大头针”旁边会有一个圆形的覆盖范围。学生只要进入该范围便可以立刻进行探究学习。每一个热点都隐藏着一系列预先设计好的问题。若学生未进入被圆圈覆盖的范围，问题是不会出现的。因此，学生需要在有限的时间内，使用移动设备自主设计探究路线，并完成探究任务。

4. 探究热点及其探究问题

此次探究湾仔区重建，教师所选定的热点都围绕会着被重建的项目。在香港市区重建局的规划下，“市区重建”主要会以 4R 策略进行，即“重建(Redevelopment)”“活化(Revitalization)”“复修(Rehabilitation)”及“保留(Reservation)”。了解这四项策略的区别，进而分析实践这些策略给周围环境带来的变化及其会引起的不同利益相关者间的冲突是了解一个“市区重建”计划的方向，也是本次活动的探究目的。

表 2-10　探究热点及背后设计的探究目的

热点	4R 策略	探究目的
绿屋	活化	探究绿屋“活化”为动漫基地给香港人生活带来的变化及其争议
利东街	重建	探究利东街的历史与“重建”带来的变化以及不同利益相关者的看法
和昌当铺①	活化	探究历史建筑“活化”背后的争议
蓝屋	复修	探究蓝屋的历史“复修”及其周围环境关系的变化给居民生活带来的变化
同德当铺	保留	探究现今历史建筑在“保留”上的困难以及不同利益相关者对清拆建筑的看法

① 注：在香港，当铺一般称“大押”。

表 2-11 展示了热点绿屋的主要探究问题。

表 2-11　绿屋的探究问题

热点	探究问题
绿屋 （动漫基地）	首先提供与该热点相关的背景资料： 动漫基地，是由位于香港湾仔区茂萝街的 1 号至 11 号单数门牌及巴路士街的 6 号至 12 号双数门牌共 10 幢唐楼构成的一个艺术中心，同时也是艺术中心和市区重建局的合作项目，前身为绿屋，现已列为香港二级历史建筑。
	其次提出与该热点相关的探究问题： 绿屋目前是香港第几级历史建筑？在 4R 策略中，政府对绿屋采用了哪一项？绿屋建于哪一个年代？“绿屋”为何被称为绿屋？尝试在绿屋附近访问两名路人，了解他们对绿屋的感受。问题可以包括但不限于：是否常到绿屋？多久一次？最喜欢绿屋里的什么？是否赞成政府对绿屋的活化计划？为什么？ 除了将绿屋活化为动漫基地，你认为在优化绿屋的策略上还可以将其改造成什么？背后原因又是什么？（答案不少于 50 字）

表 2-12 展示了热点利东街的主要探究问题。

表 2-12　利东街的探究问题

热点	探究问题
利东街	首先提供与该热点相关的历史背景资料： 利东街，俗称喜帖街（囍帖街）或印刷街，是香港一条已消失的街道，位于香港湾仔区，昔日是香港著名的印刷品制作及门市集散地，尤其是以印刷喜帖著名。由于市区重建计划，利东街的业权现已被收回，并已于 2005 年 11 月 6 日凌晨零时起复归政府所有。印刷店现已绝迹，街上所有的唐楼都已经被清拆。利东街于 2010 年 2 月 25 日凌晨零时起封闭。
	其次提出与该热点相关的探究问题： 拍摄你眼前的利东街。过去利东街以什么闻名？昔日利东街有着什么样的整齐建筑？ 利东街从哪一年起开始封闭？市区重建局采用了 4R 策略中的哪一项处理利东街项目？

续表

热点	探究问题
利东街	然后提供该热点的市区重建资料： 　　囍欢里位于香港湾仔区皇后大道东 200 号囍汇基座的购物商场，其开发商为信和置业和市区重建局，由信和置业负责商场管理。商场在 2015 年年底正式开业。商场共 3 层，提供 10 万平方英尺①楼面，包括地库、地下及 1 楼；铺位面积由最小 100 平方英尺到最大约 1 万平方英尺，共设 70 间铺位，并设 4 间复式铺，招揽品牌开设旗舰店。地面提供超过 170 米长的绿化林荫大道。项目将以中西合璧、新旧交融为发展方向，对湾仔区的传统建筑特色予以保留，在建筑上采用湾仔特色的窗花等。预计商场的目标客群中，本地客占 80%，游客占 20%。项目范围内被评为三级历史建筑物的三幢唐楼，亦会作为文化馆及商铺等被保留下来。商场两旁亦会设计一条 200 米长、9 米宽的行人通道，24 小时开放，并设立中央休憩广场及占地 1.2 万英尺的天台花园。
	基于重建资料再次提出与该热点相关的探究问题： 　　囍欢里项目由哪两个组织负责？商场共有几层楼？利东街重建囍欢里会影响哪些利益相关者？ 　　试录制一段录音：第一部分，分析哪些利益相关者会支持囍欢里项目以及囍欢里如何从不同层面影响他们的生活水平；第二部分，分析哪些利益相关者会反对囍欢里项目以及囍欢里如何从不同层面影响他们的生活水平。 　　你自己是否支持利东街重建计划呢？为什么？如果不支持的话，你又会希望以 4R 策略中的哪一项去重建利东街？原因何在？

表 2-13 展示了热点和昌当铺的主要探究问题。

表 2-13　和昌当铺的探究问题

热点	探究问题
和昌当铺	首先提供与该热点相关的历史背景资料： 　　和昌当铺位于香港湾仔区庄士敦道 60 号至 66 号，由 4 幢相连、设有长廊式阳台的楼宇组成，楼高 4 层，建于 1888 年至 20 世纪初。土地由填海所得，建筑物已有一百多年的历史。该当铺曾逃过被清拆重建的厄运。市区重建局于 2007 年耗资 1500 多万港元复修，完成保留及翻新工程，改成售卖传统食品和古玩的高级生活用品店，楼上 3 层则改装成高级英式酒吧及餐厅。物业权现由市区重建局与嘉华国际集团共同拥有。

① 1 英尺≈0.3 米。

续表

热点	探究问题
	其次提出与该热点相关的探究问题： 从不同的图像中选出一张最接近眼前所见的和昌当铺的图像。 以概念图比较新旧和昌当铺的异同。 和昌当铺共有多少楼层？ 在 4R 策略中，政府对和昌当铺采用了哪一项？ 市区重建局在哪一年完成了对和昌当铺的修复？ 和昌当铺被改造成餐厅后，会对附近哪些利益相关者造成影响？ 试录一段不少于 30 秒的录音：承接上部分对利益相关者的分析，指出和昌当铺的复修分别怎样影响着不同的利息相关者。你在多大程度上赞成政府复修和昌当铺？

表 2-14 展示了热点蓝屋的主要探究问题。

表 2-14　蓝屋的探究问题

热点	探究问题
蓝屋	首先提供与该热点相关的历史背景资料： 历史建筑级别：一级历史建筑。 落成年份：1920 年。 这里为什么叫蓝屋？那得问一下维修工人了。据说当年修葺蓝屋时，油漆工人手上只有蓝色的油漆，所以就把建筑物的外墙漆成了蓝色。如果当时油漆工人还有其他颜色的油漆的话，现在蓝屋可能就要改名了。蓝屋高 4 层，具岭南建筑特色，是目前香港少数还有露台建筑的唐楼。蓝屋内曾经有一间第二次世界大战前湾仔区内唯一的英文学校一中书院，一所为儿童提供免费教育的“镜涵义学”，还有一所由黄飞鸿徒弟林世荣的侄儿林祖开办的武馆。更意想不到的是，这所近百年的老房子，虽然缺少冲水马桶，但现在还有居民住在其中！蓝屋建筑群包括蓝屋、黄屋、橙屋、灰屋以及它们包围着的一片小空地和周围的街道网络。这个建筑群早在 70 多年前就已形成了，它的保存价值可以从其建筑特色及小区价值方面进行考虑。(信息来源：香港旅游发展局)
	其次提出与该热点相关的探究问题： 拍摄一张蓝屋周围小区的照片。 蓝屋建于哪一年？蓝屋共多少层？ 这里的居民缺少影响生活的什么东西？ A. 冲水马桶　　B. 楼梯　　C. 私家车　　D. 咖啡

续表

热点	探究问题
	试录制一段不少于30秒的录音，包括以下内容：蓝屋的外观及内部情况、居民生活、附近建筑物与蓝屋的不同以及你对蓝屋的感受。 4R策略中，政府对蓝屋采用了哪一种策略？
	然后提供该热点更多的历史背景资料： 针对湾仔区蓝屋活化建筑项目，政府以香港首个“留屋留人”的方式活化湾仔区蓝屋建筑，复修后将出租13间。新租客须经甄选，首要条件是参与小区服务。话虽如此，但蓝屋附近有许多旧区住宅和小商店都已被清拆，许多街坊早已搬离这里，仅剩下少量车库和杂货铺，取而代之的是高级餐厅、精品住宅和酒店。
	基于重建资料再次提出与该热点相关的探究问题： 蓝屋附近小区的改变会对蓝屋的居民网络带来什么影响？ 试从政府及旅游业的角度思考蓝屋附近旧区的改变，可以为香港带来哪些方面的益处？ 试从居民角度分析蓝屋附近小区的改变，会从哪些层面影响他们的生活水平？ 承接上题，怎样影响他们在这些方面的生活水平？ 根据以上分析并综合你的见解，你是否支持：1. 政府现行重建蓝屋的策略；2. 政府现在对蓝屋附近小区所做的规划。

表2-15展示了热点同德当铺的主要探究问题。

表2-15　同德当铺的探究问题

热点	探究问题
同德当铺	首先提供与该热点相关的历史背景资料： 同德当铺位于轩尼诗道与马师道交口，建于20世纪30年代。据《家屋所有权登记申请书》记录，其物业最早拥有者为潘康氏和潘梁氏，现由澳门高可宁家族持有。2013年8月，屋宇署批准业主将其改建成23层高的商厦。古迹办也证实，他们早在2008年已知悉业主有意清拆该历史建筑，更曾先后三次与业主商讨保护方案，但对方仍坚持清拆计划，仅同意在清拆前为建筑物进行照片及图绘记录，供古迹办存档。 按古迹办现行的评级机制，三级历史建筑宜于以某种形式保存，如保存不可行则可以考虑其他方法。早在2010年3月，湾仔区的《湾仔区重建愿景研究终期报告》已指出位于轩尼诗道367—371号的同德当铺“别具特色，可考虑保护”。报告又指出同德当铺属第二次世界大战前的唐楼，有骑楼伸出人行道形成回廊。当铺招牌上的文字由右至左，在香港

续表

热点	探究问题
	更少见。同德当铺同时保留了不少以前当铺的设施，包括吊扇侧门、正门铺内的钟及20世纪五六十年代常见的太阳型铁枝，有助外界了解湾仔区的历史。
	其次提出与该热点相关的探究问题： 市区重建局采用了4R策略中的哪一项处理同德当铺？
	然后提供不同利益相关者对同德当铺被清拆的立场： 在轩尼诗道经营钟表铺逾20年的丘伯表示无奈接受同德当铺清拆。他指出，业主及商家拥有大厦的业权，只要业主一声令下清拆，其他人都无办法抵抗。他批评政府不主动回购具有历史价值的建筑物，质疑政府对保护建筑的关注程度。同德当铺旁的报摊档主则坦言清拆同德当铺“没有问题”，认为要发展社会必须有所取舍。该女报贩说市区的土地不足，认为如果以保护为由停止发展，社会就会停滞不前。
	基于重建资料再次提出与该热点相关的探究问题： 参考以上数据，丘伯提到了目前保护上的什么困难？ 报摊档主为什么认为保护工作在市区很难获得发展空间？ 根据你的分析，试录制一段录音回答上述两人的想法当中存在着哪些价值的对立。 试在同德当铺访问两名湾仔区居民或路人，了解他们对同德当铺重建的看法。问题可包括但不限于：1. 你是湾仔区居民吗？2. 你知道同德当铺要重建吗？3. 你赞成把同德当铺重建吗？为什么？

5. **提升学生学习成效**

学生到达每一个探究热点并完成一系列教师事先设计的问题后，便需要把答案上传至云端服务器。教师随后可以按学生答案给予反馈。反馈可以通过教师与学生面谈的形式进行，让学生了解自己的学习成果；也可以在课上对全班做总结性反馈，并选出三名出色的学生，让他们成为同辈导师，在之后类似的探究活动中指导同辈，发挥户外探究共同协作的力量，以产生最大的学习效果。教师如何利用EduVenture® Composer制作探究型课件？

(1)先确定探究主题并思考教学情境脉络

“市区重建”是每一个发达城市都需要面对的问题，香港也不例外。而小区的变化会在不同层面上影响不同利益相关者的生活。因此，了解“市区重建”当中的细节，以及不同利益相关者对“市区重建”的争议，会有助于学生了解当中的脉络。在日后其他议题的探究与分析上，这次探究活动的经验与分析方法能转移到其他议题上，帮助学生从多角度批判思考。教师在设计探究活动前，需要准备一幅探究地图并设计不同探究热点以及当中的问题。这便需要教师进入 EduVenture® Composer 系统制作教材以及在活动之后通过 EduVenture® Retriever 查看学生的答案。

EduVenture® Composer 是一个应用了云技术的系统，能帮助教师设计一些电子教材，支持学生进行社会探究户外学习活动。“位置取向的情境学习环境”结合了探究学习的电子地图和多媒体应用的社会探究鹰架，可以让学生一步一步地去发掘问题以及思考答案。教师只需要在谷歌地图上汇入已规划好的探究学习地图，然后在不同的探究地点上设计鹰架(任务)。这些鹰架内包含不同类型的探究题型，有文字填充、录音、拍照、画概念图、问答等。当教师设计这些电子教材时，云端系统便会同时自动记录教师的进度，所以教师可以不用担心计算机突然出现故障所引发的问题。

(2)进入 EduVenture® Composer 并设计课件

进入 EduVenture® Composer 后，一幅香港地图会呈现出来。教师需要通过创建新考察来设计地图。步骤如下：在左上方，选择“创建新考察”，教师会看到有一个方框展示出来；为教材自定义一个“考察名称”，如湾仔区重建考察；在“考察描述”一栏对活动做简单介绍；选取“考察语言”；决定“是否共享”，即教师可决定教材使用的私隐程度；为课件设定一个“代表颜色”；为课件“设定范围”，即教师可以在地图上选取考察范围(地图会显示出一个方框，教师可以按考察需要调节方格大小，然后上载地图)；为课件上载一张“封面图片”以兹辨别，教师可以在系统内通过搜寻确定图片；决定“发布模式”，若教师希望暂不发布则点选“转为不发布”，若希望发布则点选“转为发布”；为课件确定“学习领域”，以供搜索之用。见图 2-14。

在设定完学习领域等基本信息后，教师便进入创建课件的关键部分——设定考察地点的地图。步骤如下：点击考察热点列表旁的“＋”号以创建热点；点击后，旁边会弹出一个“编辑热点”的方框；在“编辑热点”方框内填上热点名称；选择该热点显示的颜色；调节热点的半径；选择“热点类别”，确定热点是“隐藏显示”还是“正常显示”；最后便是编制“热点内容”，编制好后便按键上载。见图 2-15。

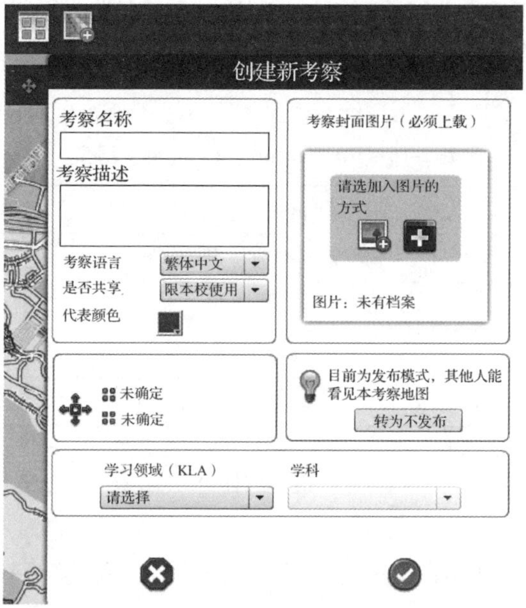

图 2-14　在 EduVenture® Composer 中创建新考察截图

图 2-15　在 EduVenture® Composer 中设定考察地图截图

在 EduVenture® Composer 系统内，有 12 种题型开放给教师设计不同的探究问题，然后显示在学生的移动设备上，供他们进行探究活动。这些题型见表 2-16。

表 2-16　EduVenture® Composer 题型

题目类型	题目设计	答题设计
图文描述	文字多项选择题	拍照题
图片选择题	图片多项选择题	自定义列表
短片介绍	问题	录音或访问
文字选择题	填充	填充概念图

(3)EduVenture® Retriever 的应用——考核学生的答案(探究学习活动成果)

EduVenture® Retriever 是一个云端平台，能帮助教师考核学生的学习成果，并能为活动后的讲解提供依据。EduVenture® Retriever 可以客观地呈现出学生在户外学习的成果，也可以让教师更加清楚学生在户外学习的情况，以便教师在活动后提供有针对性的讲解，为全班讨论提供清晰有力的基础。

登录后进入 EduVenture® Retriever 的界面，教师会看到“选项”与“考察列表”两个大范畴。在“选项”中，教师可以在“所有考察”与“我学校的”中选择。教师选择前者则可以看到所有考察课件，选择“我学校的”则只会看到自己学校的课件。

点选课件后，教师便会进入显示不同日期的考察界面并可按需要检查不同的考察活动。另外“递交数量”一栏会显示学生提交的数量，让教师知道班上有多少名学生已完成考察探究活动。

选择要查看的日期后，教师便会进入一个具体考察活动的详情界面，里面会有不同的热点问题以及“学生列表”。教师可以在“学生列表”中选择不同的学生以查看他们的答案，从而为自己活动后的讲解提供良好的基础。

(三)实施效果

教师在有了活动探究主题“湾仔区重建探究计划”后，便可以设定探究热点供学生进行探究。EduVenture®的系统优点在于学生在进行探究过程中，自己可以规划探究路线，并且以小组为单位，彼此协作，深化探究成果。教师则可以通过在线云端系统查看学生的学习成果，增强活动的完整性。

随着21世纪信息技术不断发展以及大数据时代的来临，教师得以借助这些条件改善人文社科学习中的社会探究学习实践，让学生透过非线性的学习过程，通过发问与探究来进行信息处理，从而建立一个新的知识探究方式去理解世界。信息技术的发展已经令移动设备成为年轻人生活的一部分。站在教育的角度看，EduVenture® 应用了"位置取向的情境学习环境"，并配合全球定位系统开发出一个平台，帮助学生进行户外探究学习。这个系统可增加户外学习的探究深度和学生协作学习的互动程度。

一直以来，社会探究学习都被应用于人文社科的学习，这也是通识教育课程所强调的主要学习方式。我们将 EduVenture® 应用于社会探究，更多是希望为学生提供开放式平台，帮助他们就一些社会议题发掘答案。这一过程强调的是学生在不同层面与社会的互动，把不同的价值与兴趣结合在一起，从而让学生学会多角度分析，帮助学生成为具有独立、成熟判断能力的社会公民。要实践这份学案，教师需要先经历不同的流程、思考与安排，如表2-17所示，以令这次户外探究学习变成一次成功体验。

表2-17　实践学案的流程、思考与安排

流程	思考	安排
1	决定考察地点	教师决定好考察地点(湾仔区)后，便可以开始设计教材。
2	确定进行户外探究学习的学生人数	户外探究学习的规模以50～80人为宜，因为太多人同时聚集在街上容易造成混乱，照顾学生并确保学生安全也将成为一个很大的挑战。而对于50～80人的规模，教师可以把学生分成4人一组，再由一位教师照顾两组，这样会比较安全、高效。
3	交通安排	在确定学习人数后，教师需要思考当中的交通运输问题：大巴接送学生往返学校与考察地点；移动设备数量的确定，采取几人一机的策略，是两人一机，还是其他？这些都需要教师思考(两人一机是较理想的安排，因为这既能提供协作学习的机会又能确保学生之间互相照顾以保证安全)。

续表

流程	思考	安排
4	考察时的安排	教师在考察时让学生自主规划路线并完成问题。
5	活动后的讲解	在回程后，教师可以从 EduVenture® Retriever 中查看学生的学习成果，并以此为依据，安排活动后的讲解以深化学生的学习成果。

三、案例特点与创新

(一)户外学习中 EduVenture® 系统在学与教方面的意义

传统的户外学习存在着一些问题：①过度以教师为中心；②学生间的互动协作比较少；③学生的学习动机难以长时间保持；④鹰架的成效不显著。而此次探究活动结合了移动设备及应用程序、探究学习、自主学习等元素。为了让学生在户外学习探究过程中有更强的自主性，EduVenture®配合全球定位系统搭建了探究学习的平台，帮助学生进行户外探究学习，增加了探究深度，加强了学生间协作学习的互动程度。

EduVenture®系统应用云技术，支持教师设计电子教材，支持学生进行社会探究户外学习，结合电子地图和多媒体应用的社会探究鹰架，让学生一步一步地去发掘问题并思考答案。这一云端平台还能够支持教师在课堂上讨论学生在户外学习时的探究答案，从两方面去提升教学效果：一是它可以客观地呈现学生在户外学习的成果；二是它可以让教师更加清楚学生在户外的学习情况，以便在活动后提供有针对性的讲解以及为进行全班讨论提供清晰有力的讨论基础。

(二)利用移动设备进行户外探究学习的可行性分析

在进行户外探究活动前，教师需要充分掌握学生的特点，因为学生才是探究学习活动的主角。因此，针对学生年龄及年级特点、现实环境与条件等对探究计划进行可行性分析是不可缺少的部分。可行性分析可从学生年龄、年级特点、现实环境与条件、学生的背景知识以及学生具备的信息素养等方面进行，以本学案为例，详见表 2-18。

表 2-18　探究计划可行性分析

学生年龄	15 岁
年级特点	学生需要修读通识教育课程“今日香港”的单元，而“市区重建”正是其中的课题。
现实环境与条件	现在的香港中学都会有户外学习日，因此学校是能够安排户外探究的。选取湾仔区作为探究地点，主要是因为它是历史悠久的香港岛旧区，区内有具有上百年历史的建筑。这次考察的热点全部都是具有历史价值的建筑。市区重建局的 4R 策略对这些建筑的改变，引起了环境变迁，给周围居民带来了利与弊，成为良好、典型的探究案例。
学生的背景知识	“探究”在认知层面上属于高阶活动。学生需要拥有背景知识才能进行探究活动，因为背景知识是探究分析的基础。学生修读完“今日香港”中“生活水平”这一单元后，从政治、经济、社会、文化、环境等不同角度了解了生活的导向后，应具有足够的知识去进行探究活动。
学生具备的信息素养	目前香港大部分学生都有智能手机，因此在技术上，他们要操作移动设备以及应用 EduVenture® 以进行探究活动并不成问题，而 EduVenture® 更可以培养学生的信息素养。信息素养可以分三个层面去理解。① 第一个层面是认知信息的需要，即学生通过 EduVenture® 进行探究活动时，如果遇到“无法回答的问题”，可以到网上搜寻数据，以丰富自己的知识。第二个层面是被激发满足信息的需要，即在探究过程中，学生会发现一些自己未曾遇到过或想象过的情况，这能刺激他们的好奇心，以继续自主地寻找答案。第三个层面是发展、完成、评价搜索信息的策略，即学生在探究过程中，如果要搜寻信息，他们需要知道从哪里可以获得相关知识与信息以及从哪里可以得到准确可信的数据。在这个过程中，学生可以形成一套检索信息的逻辑，并可以评价不同检索策略的优劣。

四、案例经验与启示

用移动设备进行户外探究学习是一种新颖且具有创意的学习方式，能够通过刺激物提高学生在学习过程中的专注度。教师在使用此软件或实践类似学案时若能从以下方面进行优化，则可以令户外探究学习变得更流畅。这些方面分别是工作分工、资料搜集和学生伙伴。

① Bjorner, S. N., “The information literacy curriculum—A working model,” *IATUL Quarterly*, 1991(5).

(一)工作分工

对于许多教师而言，他们在教学以外还有许多行政事务需要处理。教师要准备一份具有探究性的学案，需要花费许多时间。这些规划工作包括教学目标规划、探究路线规划、问题设置规划、问题层次规划、行政规划等。由于涉及精密的步骤规划，我们不建议教师单独处理一次户外学习探究活动，而应与同事合作，分配好工作，以令其中的每一环都做得周详。

(二)资料搜集

现今信息技术发达，数据搜集因互联网的出现而不再受时间与空间的限制，所以教师可从网上搜集到大量与户外学习相关的资料。然而，网上信息未必完全正确，因此教师首先需要核实所取用的相关信息，避免学生习得片面或不准确的知识。其次，教师在引用网站相关资料后应标明引用出处，除了尊重版权之外，还方便学生在学习活动后自主搜索相关信息和进行延伸学习，有助于推动学生的自主学习。

(三)学生伙伴

户外学习常困扰教师的地方是如何有效管理学生以确保户外学习能达到预期的成效，而当中的主要困难包括如何让学生专心投入学习。教师可以安排以小组为单位，这一方法可以收到学生同辈之间协力学习的成效，可以使能力强的学生带动能力稍弱的学生完成挑战，还能带动能力稍弱的学生思考，令学习效果更加丰富。此外，学生之间还能互相监督，使教师借助同辈压力推动完成学习目标。当今，大部分学生都是移动设备的使用行家，他们能将移动设备活用为学习的工具，让教与学的环境更趋多元化。

第三章 学习环境与空间建设案例

第一节 纽约州立大学跨文化网络在线学习[①]

一、案例基本信息

基于互联网的协作式跨文化在线学习，有益于促进不同国家、不同语言和不同文化背景的学生之间的交流，为相关教育工作者之间的互动提供平台。美国纽约州立大学在跨国实施协作式在线学习过程中取得了显著的成果。表 3-1 概括了本案例的基本信息。

表 3-1 案例基本信息

案例名称	纽约州立大学跨文化网络在线学习
实施地区	美国纽约州
实施时间	2006 年至今
主要实施者	国际项目办公室
实施对象	学生
相关网址	http：//coil. suny. edu/index. php/(引用时间：2018-04-10)

二、案例概述

2006 年秋季，纽约州立大学的协作式国际在线学习(Collaborative Online International Learning，COIL)中心正式成立。早期协作式国际在线学习中心面向纽约州的教师，主要任务是在纽约州立大学的 64 个校区中促进在线课程的发展。

① 案例提供者：杨浩，纽约州立大学奥斯威戈分校教授。

2009 年，COIL 中心设置了在线学习中心节点网络，支持在线国际课程发展，使协作式在线学习成为学生体验跨文化学习的重要形式。为拓展纽约州立大学课程国际化水平的需求，COIL 中心于 2010 年从帕切斯学院转到位于纽约市的国际中心。COIL 中心聚焦于探索面向全球的网络化学习方式，通过创立基于多元文化的混合式学习环境，强调学生与学生之间的合作，促进师生之间以及同行之间的互动。作为州立大学国际化进程的一部分，COIL 中心不仅支持纽约州立大学和相关的国际伙伴，而且在国际化的新兴网络学习领域中扮演着重要的领导角色。

通过创设基于多元文化的学习环境，COIL 中心致力于培养学生跨文化的学习能力。来自不同文化的学生与来自不同国家的教师一起分享课程，共同学习和管理课程。COIL 中心提倡创建平等的学习氛围。课程的形式由教师和学生商讨确定，可以是在线学习，条件允许的话也可以是混合式学习。COIL 中心的目标包括：为教师和工作人员提供丰富的国际教育资源；鼓励和支持在线国际合作课程的发展；满足国际市场对教育的需求；发展对国际协作学习感兴趣的合作伙伴；让更多的学生了解国际协作学习的实践和技术；创建更多的跨国课程，并建立一个资源库，以促进纽约州立大学的协作式国际在线学习更好地发展。

三、案例实施与推进

(一)实施背景

纽约州立大学下设的 64 个校区分布于纽约州的各地，且每个校区都开设远程教育课程。目前，约 7 万名学生使用该校的高等教育网络学习。纽约州立大学拥有美国最大的综合性公立高等教育系统，其办学经费主要来源于纽约州政府和联邦政府。纽约州立大学网络教育的办学定位更注重以高质量的教学服务于纽约州当地居民，通过网络教育增强高等教育机会。①

COIL 中心致力于培育校区与校区之间以及校区与中心之间强有力的协作关系，在不同校区之间搭建了网络节点。每年的新教师均可以自

① 张立国、刘晓琳：《重构我国普通高校网络教学模式的关键：办学模式、教育观念和教学结构的再调整——纽约州立大学网络教学模式的启示》，载《电化教育研究》，2010(12)。

愿申请成为在线学习中心的成员，学习合作中心的课程并接受相关的专业培训。2014 年，COIL 中心推出新的会员结构，设置不同层次的会员等级，同时提供一系列相关的支持服务。

2014 年，COIL 中心推出了一个新的全球合作伙伴网络(Global Partner Network，GPN)，以促进纽约州立大学与世界各地的高等教育机构建立合作伙伴关系。全球合作伙伴网络机构可以与纽约州立大学各个院校之间互通 COIL 课程。

COIL 中心为纽约州立大学的专业网络、IT 基础设施和专业发展提供支持，努力使美国和世界各地的教育机构在国际教育领域中实现标准化和规模化。COIL 中心主持了多场年度国际会议。这些年度会议汇集了教师、国际项目人员、指导技术人员、管理员等，已经成为在线国际学习组织成员必须参加的活动。为了让未能参加会议的人受益，COIL 中心每年都会在中心网站上进行直播并提供在线视频档案。COIL 中心得到来自世界各地的专家以及机构团队的支持，由来自美国 22 个机构的 100 多名学者以及国际项目人员组成专家团队，与近 30 家国际合作机构开展全球联网计划。

(二)实施方案

针对不同的学习任务，COIL 中心提供不同的学习计划和安排。例如，为期五周的学习任务，一般前三周面向个人安排进度，后两周由 COIL 合作小组召开视频会议。为期八周的学习任务如表 3-2 所示。在协作学习课程中，前两个任务在四周内展开，目的是让参与者相互熟悉，同时让参与者对相关技术有初步了解。课程有四次视频会议，第一次和最后一次是强制性的。学员每周将在课程上花费至少四小时。整个学习过程主要采用“做中学”的方法，使参与者通过参与课程学习中的各种任务，进行协作学习。参与者在学习过程中可以使用异步和同步工具相互交流。

表 3-2　八周学习任务安排

任务		工作类型	视频会议
第一周	信息收集和简介	个人	
第二周	讨论	所有人	视频会议 1

续表

任务		工作类型	视频会议
第三周	分享、描述和解释照片	个人	
第四周	讨论	整个小组	视频会议 2
第五周	学生学习结果	COIL 合作小组	
第六周	任务	COIL 合作小组	视频会议 3
第七周	选择合适的工具	COIL 合作小组	
第八周	COIL 课程提纲	COIL 合作小组	视频会议 4

学生在进行协作式国际在线学习时，需要遵循以下三个步骤。

1. 步骤 1：确定课程内容

准备好课程内容和资源是进行课程学习的第一步。在课程开始之前，学生需要判断自己是否能够成为一名合格的协作式国际在线学习者，例如，能否适应在线学习工具，是否能合理安排协作学习时间等。学生将学习如何展示自己、研究纪律，以及如何以适当的方式吸引合适的合作伙伴。活动包括完成个人简介、参加在线讨论和参与同步视频会议。

2. 步骤 2：建立伙伴关系

建立合适的合作伙伴关系是学习过程中非常重要的一个方面。在寻找合作伙伴时，学生主要需要考虑以下四个方面的因素：双方是否有平等的学习投入；双方能否共享课程的开发；双方是否能够相互理解和尊重文化差异；双方是否具有开放的心态。两个合作伙伴的关系越融洽，他们学习的灵活性就越强，最终学习效果就越好。如果你已经有了一个合作伙伴，那么你可以直接进入步骤 3：开始协作探究。如果你没有伙伴，你可以在网站中寻找。

3. 步骤 3：开始协作探究

学生一旦找到了合作伙伴，就可以开始学习了。讨论可以使用 Skype、电话或电子邮件等工具。双方在讨论之前，最好确定协作交流的时间表，并考虑时区、技术资源等问题。COIL 中心建议合作伙伴在开始讨论之前填写多个表格，分别是基本信息、学习时间安排、语言问题、课程内容选择、学习评价、技术使用、制度文化与期望和行政与国际方案支持。每一个表格都涉及一些相关的基本问题。

跨国协作学习需要考虑的一个重要因素是时差，因为有国家可能处在不同的时区。在课程开始之前列出相关内容和注意事项，能够帮助学生更好地与合作伙伴讨论并商定时间。表格的问题包括“这门课有固定的上课时间吗？什么时候？每周你能承诺用多少小时来开发新的课程内容？一天内通过 Skype 或手机联系你的最适合的时间是什么？”等。

虽然英语往往是互联网的主导语言，但你的学习伙伴的主要语言可能不是英语。这提供了很好的跨语言交流机会，但也可能在交流过程中造成不公平，使一方学生处于有利地位，而使另一方处于不利地位。因此在学习开始时，通过协作练习和评估解决语言能力的差异问题十分必要。此外，对课程内容进行有效商讨能够确保课程资源对学生是有价值的，同时有利于满足学生个人的学习需求并且符合课程目标。评估是课程设置中的一个重要组成部分。预先确定评估工具，可以帮助学生了解评估的流程和方法。

表 3-3　语言问题、课程内容和学习评价的信息

语言问题	
1	你阅读、书写或谈话时使用什么语言？
2	你的学生谈话时使用的主要语言是什么？
3	你的组织项目或课程中的提示语言是什么？
4	如果需要英语授课，且英语不是你学生的母语，那么通常你的学生在阅读、书写或谈话时英语流利吗？
5	如果英语不是你学生的母语，他们参加过托福或其他语言能力测试去证明他们的英语水平吗？
6	这门协作式课程除了英语还会使用哪些语言？
7	如果你有语言课程，那么双语教学方式对于课程来说有益且可行吗？如果是这样，第二语言会是什么？
8	如果出现了语言翻译问题，你怎么应对？你会考虑请学生来当翻译人员吗？
9	总的来说，你对于语言技巧将影响你的课程如何预期？你认为语言学习对于任何群体来说都是重要的环节吗？
课程内容	
1	请列出你最希望这门课程能让你的学生达成的目标。

续表

课程内容	
2	你是否打算使用新的课程大纲创建新课程，还是会为了合作调整课程的现有部分？
3	你认为现有课程的哪些方面或部分会最有助于学生对跨文化进行思考？
4	请你尝试将这些内容分解为模块，并确定课程通常开设的时间。
5	你能否与合作机构制定协作式学习目标？请详细阐述。
6	你是否考虑过你可以支持每个模块的目标的协作式任务、活动和结果？它们有哪些？
7	你和你的伙伴如何决定使用的内容以及谁来负责复审、编辑和在线发布这些内容？
8	学生自己提供的内容，例如，来自论坛和视频的内容有可能成为你的课程的重要资源吗？
学习评价	
1	你通常如何评价学生？你喜欢使用协作部分的同一种方法和工具吗？
2	在评价学生时，你通常使用量表(规定的标准)吗？你想和你的伙伴定义共享的标题吗？
3	是否有一个共同的分级模式，还是每个教师分别对自己的学生进行评分？
4	你将如何处理模块或课程的出勤情况？如何评价在线参与？
5	你是否计划使用前期和/或后期评价？你考虑过你可能会问什么类型的问题吗？
6	你考虑过如何评价跨文化学习的可能性吗？如果考虑过，你可以使用什么工具或方法？

不是所有的大学都配有专门的学习管理系统和技术支持系统，且不同学生所使用的技术工具也存在差别。为此，许多COIL中心的课程使用免费和开放的访问应用程序，如Skype和谷歌。此外，相关的技术问题，也有对应的问题量表。

表 3-4　技术问题量表

技术问题		院系回应样本一	院系回应样本二
1	你曾部分或全部地教授过在线课程吗？	没有	是的
2	你的组织学习过管理系统吗？如果有，是哪种方式？	是的，我们使用魔灯(Moodle)这种课程管理系统。	是的，我们使用CLIX这种系统。

续表

技术问题		院系回应样本一	院系回应样本二
3	你曾经使用过学习管理系统在线授课吗？或者用它来广泛支持混合授课或面对面授课吗？	没有	是的
4	你的学生使用学习管理系统来定期进行课程学习吗？	并没有	是的
5	请估计你的学生中学习过在线课程的比例。	10％	100％
6	学习管理系统有显示导航和其他语言核心功能的能力吗？	是的，我认为是这样的。	是的，我认为是这样的。
7	你的组织是否有专门的教学设计师或其他技术/教学支持系统来促进你的课程开发？请描述。	是的，我们有一种信息技术来帮助各学院。我的联系人是Y女士。	是的，但是我不认为他们会接受非本校学生。我可以再问问。
8	请描述在你的组织中你和学生可使用的网络频宽（速度和联网能力等）。	速度非常快。学校有一个区域网络，而且学生有可使用的机房。我在家可使用高速网络。	很好……学生也需要和其他课程联系。
9	请描述你和学生在家或学校可使用的网络频宽。	高速	高速
10	你和你的学生使用互联网上的数据时支付费用吗？这对你们使用网络来说是一种限制吗？	我猜从某种程度来说，学生需要为他们自己的网络付款，除非他们在家。	他们自己的网络需要付费。
11	你希望参加视频会议等同步活动吗？如果希望，你考虑过潜在的时区差异和带宽需求吗？	是的，视频会议应该不错。	是的，我认为那对学生来说很好。
12	你希望你的学生在课外使用Skype等通信软件同步学习吗？为什么？	是的，我认为这会创造出更好的社区意识。	我不确定。他们为了他们的课程已经在线这么久了。

续表

技术问题		院系回应样本一	院系回应样本二
13	那些非同步(延时性的)活动，例如发送邮件、论坛讨论和照片及视频交换对于课程来说重要吗?	我认为发送邮件和论坛讨论很重要。	我想提供我自己的学习管理系统供学生讨论，但他们也喜欢发送邮件。
14	你认为新的在线协作会议将会替代面对面的课堂会议，还是会完善它?	我会不得不判断我是否有更多的时间。如果有，我应该会开班级常规会议。	不，因为这是在线课程。
15	如果你的伙伴们都在教授在线课程，你会如何安排学习管理系统或其他异时在线工具?	我没有太多的精力，因此我可以把它交给你们。	我们可以使用我们自己的系统。
16	你的组织会支持你添加其他学校的学生到你的学习管理系统吗?	我可能会得到特殊的允许。	没问题。
17	学生以何种方式以及通过谁能够加入学习管理系统呢? 期间需要哪些信息呢?	Y女士需要一份含学生姓名及其邮件地址的名单。	我们可以尝试进行额外申请，或使用你的账户。
18	这个阶段出现最多的麻烦甚至有威胁的技术问题是什么? 你会如何解决这些问题?	对我们来说应该是熟悉技术。	我不能迫使我的学生出席非同步会议。

案例：美国英文文学与作文

2012年春季，参考康宁社区学院基于文学的写作课程和伯利兹大学的多文化美国文学课程，美国英文文学与作文课程正式开课。该课程采用网络在线学习的方法，为国际学生提供机会。在课程开始时，学生进入讨论论坛，参与他们的第一次跨文化交流。随后学生根据学习背景等因素选择合适的学习伙伴，形成学习小组。小组成员共同完成相应的课程任务并参与成果汇报。学生在学习过程中与伙伴合作，例如，选择某一首诗歌作为优秀文学作品进行分析讨论，并交流感想和意见。学生定期对学习进程和方式进行自我评价。教师鼓励学生对跨文化体验和思维方式进行反思。

案例：加拿大—美国：政治与青年文化

“加拿大？美国？有什么区别?”这三个问题最早发布在一个名为“故事时间”的社交媒体网站上。2012 年 5 月至 6 月，海曼古普塔一卡尔森的讲故事课程，围绕该主题发起了为期五周的讨论。国际学生建立了学习社区，共同阅读了相关学习材料，并积极参与相关主题的讨论。学生使用电子邮件和一系列即时聊天工具，如 Facebook(脸书)、谷歌会议进行积极沟通，同时在“故事时间”的社交媒体上通过协作的方式创作了故事。

(三)实施效果

COIL 中心的目标之一是实现跨文化课程的制度化，以便超越这种“一次性”模式而走向更广泛的课程国际化。COIL 中心还致力于吸引主要的利益相关者参与与其合作的校园建设，以便更好地支持教师协作和建立完善的基础设施，以维持可持续的机构伙伴关系。为此，该中心于 2010 年申请并获得了美国国家人文科学基金会的资助，以实施“协作式国际在线学习研究所”的全球网络人文学习。

四、案例特点与创新

(一)促进协作学习

在线协作学习既是一种在线教育理论，也是一种在线教育教学法，强调教师或知识社区成员指导下的小组讨论和团队合作的重要性。教师或知识社区成员知道并能够清楚地讲解如何建构本学科的知识、如何探索创新以及如何解决问题。COIL 课程是专门为连接不同文化、不同观点和不同经验的学生而设计的。在线课程可能涉及来自世界各地的学生。通过反思，学生和指导教师将促进跨文化对话，为课程内容带来全球性影响。COIL 课程强调师生之间的协作过程，通过开放式论坛，开发学生之间的协作项目工作，在参与创造共同经验的过程中加深学生对知识的理解。

(二)激发责任意识

在国际协作学习过程中，学生需要在开始学习之前选择合适的学习伙伴，考虑双方有平等的学习投入、能共享课程的开发、文化差异较小及具有开放的心态四个要素。分角色参与协作学习活动，可以培养学生的个体责任意识，在学习过程中使得角色之间的责权具有明显的差异性，让小组成员明确自身在小组活动中的位置，使得小组成员不容易干涉他人的任务。小组应清晰界定小组成员角色的功能边界，实现责权明晰。某一小组成员一旦试图控制其他成员，便会招致其他成员的有力反驳和阻止，使其回到自身角色，从而避免角色互串。

(三)改善学习态度

在课程开始之前，学生需要准备以下内容：普通课程信息、语言问题、当前信息、使用的同步技术、使用的非同步技术、信息评估、制度性支持、反思、课程协作叙述、学生反馈。在正式开始的协作学习中，学生需要精心设计协作任务，以便小组成员能够展开具有实质性的协作学习，并完成各自的学习任务。小组任务的积极依赖与感知学习显著正相关，即在学生完成任务时，小组成员相互间的任务依赖程度越高，其主观的感知学习程度就越高。同时，协作任务还应具有挑战性和可探究性。协作学习可以改善学生的学习态度，让每一名学生都能积极参与到学习过程中。组长还可以考虑让小组成员担当具有积极依赖关系的不同角色，并让各个角色之间相互补充、相互制约。

五、案例经验与启示

协作学习的实践和研究由来已久，特别是常规课堂教学中的协作学习的实践和研究成果丰富。常规课堂环境中的面对面交流协作，虽然不一定能让学生充分理解协作学习和掌握相应的方法，不一定能让学生真正感知协作学习过程中的学习任务、协作进程、同伴活动和进程方式等，但由于可以实现实时面对面交流，在一定程度上总能使协作学习发生，并帮助学生完成学习任务。在线学习与此不同。在线学习中，教与学分离，学生时空分散，且他们的学习主要以独立自主学习和在线协作学习方式展开。虽然在线协作学习可以借助技术实现，但与面对面协作学习相比，它对学生对协作学习方式与技能的掌握、协作学习的感知等要求更高。协作式国际在线学习作为一种新型的学习模式，不仅能满足学生因为各种因素不能出国留学的遗憾，而且能使学生通过和不同国家的学习伙伴进行协作交流来拓展思维方式、扩大思维格局。我国可以参考并借鉴纽约州立大学的协作式国际在线学习模式，为学生提供更多的与国外更多学生协作交流的机会，提高学生的信息素养和学习能力。

第二节　阿伯丁大学构建虚拟学习环境

一、案例基本信息

根据英国高校信息系统协会(Universities and Colleges Information Systems Association，UCISA)的统计结果，2014 年英国共有 94 所学校正在使用虚拟学习环境(Virtual Learning Environment，VLE)平台进行教学活动。本案例以英国阿伯丁大学为例，介绍其虚拟学习环境平台的特色。表 3-5 概括了本案例的基本信息。

表 3-5　案例基本信息

案例名称	阿伯丁大学构建虚拟学习环境
实施地区	英国
实施时间	2014 年至今
主要实施者	阿伯丁大学
实施对象	阿伯丁大学学生
相关网址	https://abdn.blackboard.com/webapps/portal/execute/tabs/tabAction?tab_tab_group_id=_292_1(引用时间：2018-04-10)

二、案例概述

阿伯丁大学坐落于苏格兰第三大城市阿伯丁，是英国最具历史代表性和实力的顶尖研究型学府之一。学校于 1495 年建校，依靠高质量教学造就了学校的国际声望。学校秉承“敬畏上帝乃智慧之初”的校训，为社会各个领域输送了大量优秀的毕业生，为人类的科学以及生产发展做出了推动性贡献，凭借其在社会上的成就和声誉被评为英国最好的 20 所大学之一。此外，阿伯丁大学拥有多名诺贝尔奖得主，曾被泰晤士报评为“10 所最有利于就业的大学”中的第一名。

为提高学生满意度和满足学生不断变化的学习需求，阿伯丁大学构建了功能完善的虚拟学习环境平台，把远程交互和面对面交互按照多种方式相结合。虚拟学习环境平台可看作课程管理系统和学习管理系统合并的产物，包括评估、学生跟踪、协作、交流等功能，适用于校内学习和校外学习，突破了时间和空间的局限，能够帮助学生即时获取丰富的交互性资源，为学生提供更多的开放实践机会。①

阿伯丁大学使用的是基于毕博(Blackboard)的虚拟学习环境平台，取名为 MyAberdeen，特指学生的个人学习空间。平台上的内容按照课程划分，学生可通过此平台上交课程作业、讨论课程、了解校园动态、安排日程等。此外，平台拥有丰富多样的功能模块、实用的在线学习工具和学习者工具箱。

三、案例实施与推进

(一)实施背景

2014 年，英国高校信息系统协会针对正在使用虚拟学习环境平台进行教学活动的高校做了调查，分析了英国及其不同地区大学和学院使用的虚拟学习环境平台的情况。调研得出魔灯(Moodle)和毕博(Blackboard)是英国高校两大主流虚拟学习环境平台。它们在高校的使用率分别占到了 62%和 49%，具体如表 3-6 所示。两大主流平台各有千秋。Moodle 是免费的开源课程管理系统，而 Blackboard 是由美国 Blackboard 公司开发的商业教学平台。Moodle 虽然免费，但是需要维修和管理费用，而 Blackboard 的费用更高一些。Moodle 着重学生和教师的互动，而 Blackboard 侧重教学材料的管理。

表 3-6 2014 年英国高校虚拟学习环境平台使用情况②

虚拟学习环境平台	学校数量(所)	比例	1992 年前成立的大学所占比例	1992 年后成立的大学所占比例	学院所占比例
Moodle	58	62%	72%	51%	56%
Blackboard	46	49%	50%	49%	44%

① "Learn about Virtual Learning Environment/Course Management System Content," http://global.oup.com/uk/orc/learnvle/, 2017-11-21.

② 陈乃源：《英国高校虚拟学习环境对我国信息化教学的启示——以英国阿伯丁大学为例》，载《世界教育信息》，2017(12)。

续表

虚拟学习环境平台	学校数量（所）	比例	1992 年前成立的大学所占比例	1992 年后成立的大学所占比例	学院所占比例
SharePoint	11	12%	9%	13%	22%
FutureLearn	8	5%	17%	0	0
Instructure Canvas	3	2%	4%	3%	0
Sakai	3	2%	7%	0	0
Desire2Learn	3	2%	4%	3%	0
Coursera	2	1%	2%	0	11%

英国高校为了让学生更好地使用网络进行学习，提供了一系列在线教学工具，这些工具主要用来帮助学生交流、评估、发送信息、使用资源等。虚拟学习环境平台整合了不同的在线教学工具。表 3-7 体现了参与调查的英国高校虚拟学习环境平台在线教学工具的使用情况。调研的结果显示使用率较高的是虚拟学习环境工具和剽窃检测工具。

表 3-7　2014 年英国高校虚拟学习环境平台在线教学工具使用情况

在线教学工具	学校数量（所）	比例	1992 年前成立的大学所占比例	1992 年后成立的大学所占比例	学院所占比例
虚拟学习环境工具	88	95%	100%	92%	75%
剽窃检测工具	88	95%	96%	95%	88%
电子递交工具	79	85%	83%	90%	75%
电子文档	72	78%	70%	92%	50%
博客	68	73%	76%	74%	50%
电子评估	66	71%	76%	69%	50%
个人应答系统	65	70%	78%	69%	25%
维基百科工具	61	66%	70%	64%	50%
媒体流系统	60	65%	61%	67%	75%
授课捕获工具	59	63%	74%	59%	25%

2016 年，英国高校信息系统协会再次进行调研，结果显示英国各所学校和学院使用虚拟学习环境平台的比例均达到了 100%；使用 Moodle 的比例从 62%降到了 53%；使用 Blackboard 的比例稍有下降。

但是开放学习平台，如使用 FutureLearn 的学校数量显著增加，其使用比例也从 5%增加到了 24%。[①]

表 3-8 2016 年英国高校使用率较高的虚拟学习环境平台

虚拟学习环境平台	学校数量（所）	比例	1992 年前成立的大学所占比例	1992 年后成立的大学所占比例	学院所占比例
Moodle	56	53%	60%	40%	88
Blackboard	49	46%	48%	52%	0
FutureLearn	25	24%	50%	2%	0
Open Education	9	9%	6%	12%	0

(二)实施方案

阿伯丁大学使用的平台是 MyAberdeen，在平台中提供了各种功能模块、在线学习工具和学习者工具箱，在课程模块中设置有课程资源、在线考试和成绩以及其他学习工具，如图 3-1 所示。

图 3-1 MyAberdeen 界面

① “2016 Survey of Technology Enhanced Learning for higher education in the UK,” http://www.ucisa.ac.uk/search.aspx? cx = 008281077274678676179% 3Ayulrfklwima&cof = FORID% 3A11&q = VLE&sa.x=0&sa.y=0&sa=Search，2017-11-27.

1. 功能模块

MyAberdeen的功能模块主要包括下拉式导航菜单、主页、课程、组织、我的内容、反馈、就业、图书馆和欢迎模块，其中有两个非常实用的部分，分别是请假报告(Absence Reporting)和通知板(Notification Dashboard)。前者帮助学生实现无纸化请假；后者与主页相似。学生可自主增减、移动模块，设计个性化页面。新鲜事(What's New)告知学生通知、博客、任务和讨论等各工具更新的内容。待完成事项(To Do)提醒学生教师布置的任务的截止日期。新闻模块可以展示最新的学校和社会新闻。你说我们做(You Said，We Did)是学校通过调研学生对学校服务的意见，并将结果展示给大家的模块。教职工与学生联络会时间(SSLC Minutes)是指教职工与学生联络会在学期中期了解学生对课程的反馈，其运作方式往往是让班级代表向联络会反馈学习水平等内容。

课程模块存放着课程资源信息，是MyAberdeen很重要的部分。学生可以查看课程概况，下载课件等课程资源，还能通过讨论板与教师互动。教师可以在这里向学生发通知，布置任务，提醒学生任务提交的日期和向学生推荐书目等。

其他模块如组织模块中的获得毕业生素质(Achieve Graduate Attributes)提供一系列有利于学生学习的学术研究指导资料。我的内容(My Content)模块是在线文件储存区域，任何放在MyAberdeen档案里的文件必须先上传到这里。反馈模块可以跟踪学生所有课程的反馈，便于教师进行评估。就业模块帮助学生就业，提供就业信息、课程和其他资料；学生还可在此预约，与就业指导人员进行面对面交流。图书馆模块提供图书馆信息和新闻，以及指导学生如何使用图书馆资源查找资料。欢迎模块通过一些快速链接向学生提供辅助内容，如学生个人信息、学校电脑的使用情况、学期日历、课程目录和学生会信息；学生还可以在此制作自己的课程表。

2. 在线学习工具

MyAberdeen除了具备传统的博客、创建小组、讨论板、日志等在线工具，还有四个与众不同的工具。我的日历(My Calendar)用于管理课程信息，编辑日常事项。学生可用颜色来区别事件类型，根据日、周、月来制作电子日历。剽窃检测工具(Turnitin UK)内置英国文本比对软件，拥有全世界最大的学术数据库，支持英国几乎所有大学和高中的学生进行论文检测，此外，还可以帮助师生跨学科学习。教师可以利用检测工具监督学生更好地完成作业，减少抄袭行为，培养学生独立思考、自主学习的习惯。维基(Wiki)是一种可以进行多人协作的交流工具。MyAberdeen 利用维基让学生创建在线内容。每门课程还会建立一个学生群。学生和教师可以在维基上发表评论，在线共同讨论学习内容，开展团队项目教学。协作虚拟教室(Collaborate Virtual Classroom)①支持师生利用音频、视频、文本、互动白板、应用程序、分组讨论室等工具在网上进行同步或即时交流。这种虚拟教室或网络会议工具，可录制整个授课过程，让缺课的学生可以通过观看课堂记录进行补课。这些工具还可以让学生和旁听者一起通过音频和文本在互动白板上交流。教师可以把整个班级分成几个小组放在分组讨论室里。各小组之间相互独立、不受干扰，可以通过线上、线下或者线上线下混合的方式来创建虚拟教室或虚拟办公室进行有效学习和互动。

3. 学习者工具箱

学习者工具箱(Learners' Toolkit)是阿伯丁大学一个新的学习平台，主要向学生和教职工发布一些如何使用学校设备和信息技术方面的资料，如如何使用打印机及如何发送学校电子邮件等。工具箱设计非常特殊，每项设备的使用介绍均通过漫画人物、动画视频、PDF、图片和 Word 形式的文件展示，非常生动清楚。

(三)实施效果

2015 年 4 月，阿伯丁大学信息技术服务部对在校的 863 名学生做了问卷调查。在虚拟学习环境平台使用反馈中，学生提到 MyAberdeen 的优点有讲课录音和维基非常有用，且链接学生邮件和图书馆服务的效果很好。学生也提出了一些有待改进的地方，比如，不好区分理论课和实习课。其中，对学校虚拟学习环境平台非常满意的学生达 49%，满意的学生占 30%，中立的学生占 17%，不满意的学生占 3%，非常不满意的学生占 1%。②

① "Blackboard Collaborate Web Conferencing," http://www.niu.edu/blackboard/communicate/collaborate.shtml, 2017-09-14.

② University of Aberdeen, "IT Services Student Survey 2015," Aberdeen, 2015.

四、案例特点与创新

(一)功能模块丰富，学习工具实用

虚拟学习环境平台基本实现了创建在线学习材料、在线评估和评分、师生间交流互动和提交教师布置的任务的功能，并且有丰富多样的功能模块，能为学生提供便利，如请假模块、课程模块和获得毕业生素质模块提供了一系列有利于学生学习的学术研究指导资料，这些都为学生提供了极大的便利。阿伯丁大学在学习工具中加入了我的日历、剽窃检测工具、维基、协作虚拟教室四个有特色的工具，可用于多用户任务，实现更丰富有效的协作学习。多用户允许学生共同开展任务，同时合作和协作式学习活动应包括参与者之间的积极互赖。

虚拟学习环境平台提供的丰富的学习工具可以为学生操作危险性实验提供便利，也能避免实验过程中的材料浪费。例如，学生在制作双绞线过程中，可能会由于不熟练的操作浪费实验提供的双绞线、水晶头浪费，而在虚拟学习环境下进行实验，则可以消除这种顾虑。学生在虚拟实验环境中，可以放心大胆地去尝试实验。

(二)环境开放灵活，服务个性化

阿伯丁大学基于 Blackboard 平台开发虚拟学习环境，侧重教学材料的管理，具有较强的开放性，并且为学生提供个性化、一站式的服务。学校根据实际业务，积极购买、设计和开发交互协作和在线测试等多样化的工具，丰富学习环境的功能，满足学校教学和管理多样化的需求。虚拟学习环境平台融合了课程学习、测试、管理和服务等各项业务，实现了各类信息系统的互联互通，为学生和教师提供一站式的学习体验，构建了一体化的网上校园环境。虚拟学习环境平台在界面布局、栏目设置、资源内容、功能工具和支持服务等方面体现用户的个性化需求，支持用户定制和修改相关功能与工具，显示和推送个性化的内容，努力适应不同用户的使用习惯。

在学生使用虚拟学习环境平台时，系统会记录学生的认知发展特征、学习起点水平、学习动机与态度、学习风格、信息素养以及学习自我效能感等。除此以外，系统还会在学生学习过程中时刻关注一系列与学生个体紧密相关的差异性要素(学习的路径、进度、行为、效率等)，

从而为学生提供最合适、最有效的个性化服务。

(三)课程设计流畅，支持学习活动

在网络课程的学习活动设计中，学习活动呈现出多样性、参与性、指导性、交互性和便捷性。学习活动内容注重学生与课程内容、其他学生、教师和已有学习经验的交互，搭建学生学习的支架，吸引学生参与，促进学生自主建构知识。另外，网络课程强化评价驱动式的学习方式，精心设计评价方式，通过多种网络工具开展测试评价，对学生作业和测试提供详细的反馈信息和改进建议，帮助学生更好地掌握知识。学习者工具箱，为学习者提供多种学习工具，如数字技能、学校系统及软件、学习支持服务和产品工具(思维导图和印象笔记等)，并且每个工具都会为学习者提供指导文档和相关信息链接。

虚拟学习环境平台的网络课程学习不仅可以引导学生检查答案是否正确，而且可以引导学生检查自己的解题思路，使学生养成对学习活动进行积极反思的习惯，从而提高学生学习的监测与调控能力。利用虚拟学习环境平台的评价功能，一部分学生能够对每节课所学知识进行反思，找出它们与先前知识的联系，感觉学到的知识不再是零散的，而是前后相关联的，尤其是可以将局域网知识有条理地结合在一起，促进了学生认知结构的完善。

(四)教学资源多样，学习途径多元

将 Blackboard 平台与传统课堂教学相整合，对虚拟学习环境平台支持的课程教学设计及其应用成效都具有良好的教学效果，能够明显激发学生的学习兴趣，提升学生的学业成绩。学生对虚拟学习环境平台支持的课程教学的综合评价比传统面授课程教学的综合评价要高。教师在课程教学中运用现代教育理念，用信息技术手段和方法组织教学，能较好地启发学生思维、加深学生对教学内容的领悟等。将信息技术整合到课堂中是信息化教学时代课程教学模式的重要内容。与传统的课堂面授教学相比，虚拟学习环境平台支持的教学具有更丰富的学习资源和更多元化的学习途径，更符合信息化学习环境中师生获取信息的习惯，能有效提高学生的学习积极性和学习成绩。

在实际教学中，一些应该开设的教学实验往往会因为实验设备、实验场地、教学经费等无法进行。利用虚拟学习环境平台，可以弥补这些方面的不足，使学生足不出户便可以做各种各样的实验，学习各类知识，采用多元化的学习方式，从而丰富学生的感性认识，加深学生对学习内容的理解。

五、案例经验与启示

虚拟学习环境中的教学比面对面授课更加灵活多样。教师可以通过大数据帮助学生了解学习进程，促使其完成学习计划和目标，有针对性地帮助学生创建自己的空间，使学习更加个性化，解决了面授时间具有局限性的缺陷。教师在应用虚拟学习环境平台时不能仅把它作为授课材料、视频等学习资源的储存工具，还应广泛使用其他功能，如在线测试、讨论模块等，从而利用平台实现互动功能。另外，教师可以使用混合式教学方法将在线教学和面授结合起来，通过线上教学软件活跃课堂氛围，调动学生学习的主动性和积极性。

平台功能的选择和教学目标息息相关，因此，学校在选用平台之前要认真考虑所选的平台功能是否能与当前的教学目的相匹配以及所选用的教学工具是否具备实用性。以我国的 Blackboard 为例，有些学校使用的 7.0 版本无法实现协作功能，在一定程度上反倒削弱了师生之间的在线互动。阿伯丁大学所选用的虚拟学习环境平台基本实现了以下几种功能：创建在线学习材料、在线评估和评分、师生间交流互动和提交教师布置的任务。该平台从师生在教学过程中的实际需求出发，充分考虑到平台与教学内容和教学流程的结合。此外，MyAberdeen 使用了英国调查报告使用率排名靠前的在线教学工具。这些工具使平台的作用得到了发挥，也给师生带来了便利。如今，在信息化教学和资源共享的背景下，越来越多的高校鼓励教师研发信息化课程甚至设计本土化的教学工具，对于现有平台而言是有力的补充。

阿伯丁大学为了方便师生高效掌握 MyAberdeen 的使用方法，在学校网站上链接了相关的 PDF 文件和视频，同时还开设了一些针对教师使用 MyAberdeen 的短期课程。对于大部分教师而言，将虚拟学习环境平台与教育教学深度融合需要一定的技术和教育理论支撑，同时离不开科学的教学实践。对于学校而言，除了要把工具提供给教师，还要“授之以渔”，因此，教师的信息化教学应用培训就显得尤为重要。阿伯丁大学通过视频教学、案例分析等方法对教师进行培训，有利于教师更加深入地理解平台的应用，了解信息化教学背后的教育学原理。通过开通教师和平台设计者之间的沟通渠道，教师可以将他们在使用中遇到的问题直接反馈到平台设计者那里，帮助平台设计者不断改善平台功能。

第三节　蒙大拿大学机器人辅助远程教学

一、案例基本信息

美国蒙大拿大学针对在职学生引入了远程视频遥控机器人。该机器人主要代替学生参与到课堂学习之中，同时学生通过操控机器人可以与其他学生或教师进行交流和互动，从而收到高效的课堂学习效果。表 3-9 概括了本案例的基本信息。

表 3-9　案例基本信息

案例名称	蒙大拿大学机器人辅助远程教学
主要实施者	蒙大拿大学
实施对象	在职学生
相关网址	http：//coehs. umt. edu/departments/edlead/default. php（引用时间：2018-04-10）

二、案例概述

蒙大拿大学是一所提供高质量教育，且备受尊崇的高等学府。学校为更好地为学生服务，针对在职学生引入了一款远程视频遥控机器人。这款机器人由一家创业公司研发。这家公司主要创造了一个 iPad 支架，通过这个支架，iPad 可以成为一个拥有“身体”的机器人。这个机器人采用了双轮设计，便于移动。机器人身高可以从 3.6 英尺(1 英尺≈0.3 米)升高到 5 英尺，所以用户可以根据交流对象是坐着还是站着对机器人的身高进行调节。它可以让用户与现场的人进行视频通话，而使用者通过手机或者谷歌浏览器就可以做到对机器人进行远近移动和高低调节，操作界面如图 3-2 所示。它设计简单，其直观的触屏控制允许用户在不给别人带来不便的状态下自由操控并移动它。它随时随地准备代替用户到需要去的地方，这对在职学生来说极为便利，使在职学生既可以参与学习又不会错过工作中的重要时刻。

在蒙大拿大学教育领导力课程上，超过半数的学生都是机器人，并且它们和普通学生一起参与课堂讨论。在控制人员的指令下，这些可以自由移动的机器可以让参与远程学习的学生在校园里漫步，聆听对话，“坐在”桌前参与小组项目，同时学生的图像和声音在机器人的屏幕上播放。这一方法，让不在现场的学生能够实现面对面学习，真正地融入学校。

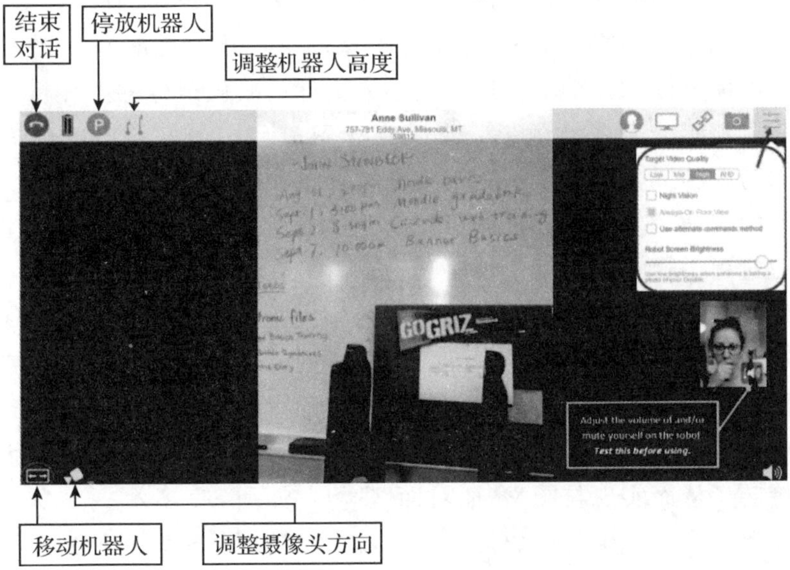

图 3-2　机器人设备操作界面

三、案例实施与推进

(一)实施背景

开放教育的发展，学生规模的不断扩大，学生学习专业种类的拓展，专业的多样化等，吸引了一部分工作人员选择了在职学习。对于在职学生而言，工作和学习矛盾突出，而且学习时间和地点的碎片化又与学习内容的整体化和连续化形成了突出的矛盾，严重影响了学生的自主学习进度和学习效率。工学的主要问题是学习时间相对较少、随意性大、注意力易分散等，使部分专业学生很难坚持完成学习任务，最终不得不中途放弃学业。为了让在职学生更好地参与到学习中学到更多的专业知识，蒙大拿大学推出了机器人学生，希望通过这一方法，让那些已步入职场的专业人士能在数百英里(1 英里≈1.6 千米)外的地方参与。同时，相比普通的视频会议，校方希望学生更能感到自己是班级中的一员。

(二)实施方案

学生使用机器人上课时，需要至少提前 10～15 分钟登录机器人。学生可以使用谷歌浏览器或者手机登录访问所学课程的现场，确保使用设备有摄像头和麦克风，确保麦克风、摄像机和扬声器的质量，提前调整好麦克风或扬声器以保证良好的课堂效果，并且提前和授课教师交流，了解课程标准。学生在使用机器人上课的时候最好戴上耳机，这样能更真实地感受到课堂效果。学生在学习过程中最好使用电脑进行操作，因为电脑屏幕会更大，更有利于学习。即使学生通过机器人上课，课堂上的其他学生和教师仍然可以听到他们所有的声音，所以学生需要在学习过程中遵守面对面上课时的纪律。

在教育领导力课程上，超过半数的学生是机器人，它们和其他同学一起进行小组讨论并在互相帮助下完成作业。14 名学生中有 9 名是通过机器人完成远程学习的。参与远程学习的学生可以通过屏幕看到自己的同学，可以根据需要移动自己的摄像头，可以控制机器人在班级中移动、旋转，从而实现与同学“面对面”学习，如图 3-3 所示。

在课程中，学生可以根据需要移动自己的摄像头，这种方式比参加全在线课程更能让学生感受到自己是课程中的一部分。学生能看到课堂上目前正在进行什么，可以有机会真正地与教师和同学互相对话，这一方法有效提高了学生在课堂中的参与度，也让学生在学习中承担起了更多的责任。

(三)实施效果

蒙大拿大学一直在向异地学生提供在线课程的服务。教育领导力课程尝试的这种通过机器人进行“面对面”交流的课程，在以后的学习过程中将会是一个更加受欢迎的学习方式。自 2000 年年初学校开始为学生提供在线课程后，参与远程学习的学生数量就开始增加，同时选择面对面授课的人数有所减少。不同的课程都开始出现这一现象，并且在线课

图 3-3　机器人学生课堂

程的参与人数开始超过面对面授课的课程的人数。机器人可以帮助学生实现“移动”、与同学对话等。机器人的主要用户是那些因地理问题无法前来上课的学生，也有其他情况，比如，帮助受伤的运动员在恢复期间跟上班级的学习进度。使用机器人这一方法不仅提高了学生学习的参与度，也能让学生及时有效地与同学交流互动。

四、案例特点与创新

(一)在线小组协作学习，增进交流互动

使用机器人进行在线小组协作学习创造了良好的学习氛围，通过网络技术构建学习共同体，让学生身临其境，从而在教学中形成了面对面的交流氛围，增强了学生学习的信心和协作意识，培养了学生自主学习的能力。在线小组协作学习在远程学习中的运用，能够有效提高教学质量与效率，同时突出学生的自主性，让课堂更加自由。使用机器人进行教学辅助，可以增进教师和学生之间的互动。这种学习形式以学生为主，极大地解决了工学矛盾问题以及远程教学的交互问题，对远程学生的学习有明显的促进作用。

使用机器人进行学习，不仅可以加深学生之间的交互，帮助学生进行个性化课堂的分享与协作，而且可以帮助学生基于知识点和视频片段进行主题研讨。一方面，学生在系统中可浏览其他课程，通过分享促进学习方法的交流。若干学生甚至可组成一个学习小组，通过分享、协作共同搭建小组的个性化课堂。另一方面，在教学视频结构化的基础上，学生可在学习过程中发起讨论或提出疑问，这时系统则根据讨论主题所在视频片段及知识点自动提供该讨论主题的背景信息，讨论过程中始终呈现给参与者。参与者甚至可直接浏览和主题相关的视频信息，从而弥补在线课程设计中讨论区与课程内容相互独立的不足。

(二)远程真实参与学习，提升学习效能

远程教育的一大特点是学生作为个体在学习而不是群体。随着技术的发展，特别是随着网络形式的远程教育的出现，远程学生不再作为个体在学习，而是可以在网络空间所建立的各类共同体中学习。机器人为远程学习的学生提供了一个作为群体学习的机会和参与课堂学习的机会。学生可以移动自己的摄像头，更加真实地感受课堂的氛围，真正参与到课堂中。学生能看到课堂中的整体情况，而不是孤立地观看教师讲课视频，同时学生也可以提出问题与教师和同学进行互动，及时解答疑惑，这样更能提高自己在课程学习方面的效能感。

众多的远程学习都是围绕视频学习展开的。视频学习成为公认的最主要的知识传播方式。利用机器人的触觉反馈装置可以增强学生的真实参与感，吸引学生进入深度学习。同时，学生可以自由地控制注意力分配以及时间分配，不会因时间限制而发生争抢认知资源最终造成浅层次学习甚至无效学习的现象。语言画面指导现实环境下的问题表征和“掌握学习策略”，为学生提供回顾学习过程、评测学习效果的机会，这些策略都会使学生的学习动机保持在较高的水平，形成学生思维发展的脚手架，辅助学生从借助脚手架发展元认知能力向自主发展元认知能力转变，从而使学生成为能独立解决问题的学习个体。

五、案例经验与启示

《国家中长期教育改革和发展规划纲要(2010—2020年)》指出：“到2020年，基本实现教育现代化，基本形成学习型社会，进入人力资源强国行列。”这意味着我们必须构建一套科学有效的终身教育体系，为人们提供一条能够实现终身学习的途径。远程继续教育作为一种方便、灵活、个性化的教育方式，在我国传统的函授远程教育基础上发展而来，有利于满足我国中长期教育改革和发展规划的要求。远程继续教育以成人学生为主，是在普通教育之后进行的成人高等教育活动。近年来，我国对远程教育高度重视，实现了网络多媒体教学，打破了教育对时间和空间的要求，有效促进了学习型社会的构建。

“互联网＋”时代带来了信息数量的爆发式增长以及信息交换的便捷。由于互联网具有开放性、实时交互性和资源共享性等特点，继续教育依托互联网改变了传统的教学形态，学生的学习方式也随之发生变化。蒙大拿大学通过机器人辅助在职学生的远程学习，为我国远程教育的发展提供了很好的示范。针对在职学生的教学安排要从在职学生的自身特点出发，除了教学内容本身之外，远程教育还要考虑到学生选择什么时间和地点进行学习、每周用多长时间学习以及如何组织课程学习材料等问题。机器人帮助学生解决了上课地点的问题，使学生可以根据自身的需要选择上课地点，同时学生也可以根据工作休息时间进行碎片化的课程内容学习，有效解决了学习时间的问题。在职人员通常需要兼顾工作和学习两方面，而在机器人的辅助下，他们可以通过 iOS 设备或者网页界面对机器人进行远近移动和高低调节，同时机器人随时随地准备代替他们到需要去的地方。这对在职学生来说极为便利，让他们既可以参与学习又不会错过工作中的重要时刻。

第四章　教育资源建设和运用案例

第一节　美国特殊教育在线资源中心 IRIS①

一、案例基本信息

美国特殊教育在线资源中心 IRIS 为处境不利的学生提供了基于星型交互模型的学习辅助材料。表 4-1 概括了本案例的基本信息。

表 4-1　案例基本信息

案例名称	美国特殊教育在线资源中心 IRIS
实施地区	美国
主要实施者	美国教育部特殊教育项目办公室(OSEP)
相关网址	https：//iris. peabody. vanderbilt. edu/(引用时间：2018-04-10)

二、案例概述

IRIS 中心由美国教育部特殊教育项目办公室(Office of Special Education Programs，OSEP)创建。IRIS 中心提供的教育资源由美国公认的研究人员和教育专家合作开发，为教师和专业开发人员提供了广泛的特殊教育教学资源。该中心旨在解决当今特殊教育工作者的教学和课堂问题，以补充当前的课程和培训。IRIS 中心的资源涉及内容广泛，如干预—反应模型、课堂行为管理、住宿、评估、辅助技术、合作、教学内容、残疾、多样性服务、早期干预和儿童早期教育、学习策略、数学、

① 案例贡献者：郭炯，西北师范大学教授。

阅读、读写和语言艺术等。资源的组织主要以完整的主题案例的形式呈现，相当于一个案例库，目前有辅助技术(Assistive Technology)、差异教学(Differentiated Instruction)、青少年矫治(Juvenile Corrections)、行为与课堂管理(Behavior and Classroom Management)、残疾(Disability)等主题案例，还包括学习策略(Learning Strategies)、内容教学(Content Instruction)、早期干预/早期教育(Early Intervention/Early Childhood)和评估(Assessment)。主题案例嵌入了一系列关于残疾人及他们的家庭、教师和服务提供者的视频，在特殊教育环境中对基于实证的研究进行详细描述，旨在通过提供精心挑选的模型，协助新的、有经验的大学教师修订现有的教学大纲。IRIS 中心提供的每一个完整的主题案例都是以星型交互模型的方式组织的，如图 4-1 所示。

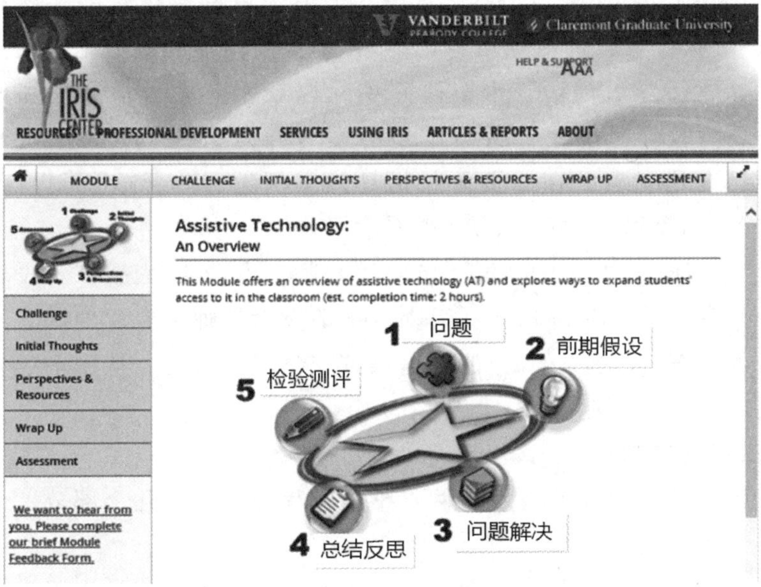

图 4-1　星型交互模型

星型交互模型是约翰·布兰斯福德(John Bransford)博士和他的同事基于学习理论和认知科学理论研究提出的一种通过星型周期传递信息的教学方法。该模型指导学生基于现实的挑战并根据目前所处的学习环境解决问题。透视图和资源页为学生提供相应的案例指导，帮助学生剥茧抽丝般应对模块中的挑战。案例提供音频访谈、视频剪辑、文本案例等活动材料。在总结反思阶段，学生需要查看模块内容的摘要，并根据相关案例的学习不断回顾刚开始的想法。该模块为学生提供了一个不断对比学习的平台。最后是评估诊断阶段，通过前一阶段案例的学习，该阶段会进行相关专业知识的测试，其中题型是选择题和问答题。

三、案例实施与推进

(一)实施背景

IRIS中心总部位于美国田纳西州纳什维尔的范德比尔特大学和美国加利福尼亚州的克莱蒙研究大学，它的根本目标是开发和分享免费的特殊教育在线教学资源，并对职前教师和在职教师进行专业化培训。除上述提到的根本目标之外，IRIS中心还致力于实现以下几个目标。

IRIS中心为21岁以下的残疾学生及其家庭提供免费的在线教学资源(这些资源符合教师专业培养标准)，提供高精准的以数据为支撑的实证单元、IRIS学习模块、个案研究单元以及相应的教学活动和信息简报等，还为教师提供改善特殊学生的学习行为和教学效果的资料。目前，IRIS中心免费的在线资源包括具体案例学习单元(巩固提高)、班级活动(应用反思)、视频简介(观看学习)。

此外，IRIS中心还为学院和大学教师、专业发展者和一线教师提供特殊教育的技术支持和培训活动，帮助大学教师和专业发展者不断提升自身的教育教学能力，为他们提供独立学习的机会，从而增强教师专业发展的意识和技能。

(二)实施方案

以特殊教育的辅助技术为例，整个过程分为以下几个部分。

1. 问题产生

一名科学教师的课堂中即将加入一名特殊学生。该学生因为学习障碍而使用个别化教育方案(Individualized Education Program，IEP)，并且能够熟练使用辅助技术。尽管该教师对自己和这名学生都充满信心，但还是担心自己是否能够掌握这些辅助性工具，也担心自己是否能在教学中熟练地使用这些工具。

2. 提出设想

在使用辅助技术之前，教师要写下面临的挑战/问题：关于辅助技术，教师了解多少？特殊学生如何使用它？学校在辅助技术方面的职责是什么？教师在课堂上如何帮助学生充分利用辅助技术？

3. 解决问题(具体学习内容)

教师通过学习整个案例资源并结合相关的活动，帮助学生定义辅助技术；区分辅助技术设备和辅助技术服务；了解辅助技术如何帮助特殊学生进行学习；了解 IEP 小组主要对使用辅助技术的特殊学生负责；了解辅助技术支持下特殊学生学习资源的获取。

(1)辅助技术

在传统课堂教学中，教师可能会发现特殊学生很难进入通识教育课程，而辅助技术能够帮助教师攻克这一难点。辅助技术就是用来帮助特殊学生实现个别化教育方案的目标的，并帮助学生尽可能多地参与通识教育，更简单地说，就是改善特殊学生的课堂表现。学生可以利用辅助技术沟通、交流，完成学术任务，参加社会和课外活动，在学校周边旅行，选择合适的座位和位置，获取资料等。

在传统课堂适当融入辅助技术后，学生可利用多种辅助手段来实现教育目标。虽然辅助技术有可能提高学生的教育质量和生活质量，但许多特殊学生无法有效使用它。为了让学校人员协助学生使用辅助技术，这些人员必须首先了解辅助技术可以采用的形式有提供设备和服务。这两种辅助技术的形式是相辅相成的，因为学生的成功不仅取决于能使用设备，还取决于有效利用相关设备提供的支持或服务。

(2)辅助技术设备

虽然人们通常将辅助技术设备与价格高昂的高科技设备联系起来，但实际上辅助技术设备有多种形式。2004 年的《美国残疾人教育改进法案》将辅助技术设备定义为用来增加、维持或改善孩子的表现功能的任何设备或产品系统。因此，辅助技术设备可能像手持电子放大仪一样复杂，也可以像专门的橡皮、铅笔一样简单。由于案例中的学生在阅读和写作方面有学习障碍，校长告诉教师目前该学生使用辅助技术设备的情况：在便携式阅读器的辅助作用下，他能够独立阅读课本和其他读物；他手持录音机能够口述答案，但不能写出来；他能用便签和索引卡片来整理笔记；便携式键盘渗入了他学习的方方面面。

教师了解了该学生目前使用的辅助技术项目清单，并通过与他交谈，意识到这些辅助技术能支持学生的阅读和写作，并帮助他完成阅读作业。IEP 小组将在接下来的几周整合该学生的学习目标和他所需要的辅助技术设备。

(3)辅助技术服务

学生是否能够成功地使用辅助技术不仅取决于学生是否能够使用设备，还取决于学生是否能够获得必要的技术支持或服务。2004 年的《美国残疾人教育改进法案》将辅助技术服务定义为在直接帮助残疾儿童选择、获取或使用辅助技术设备时提供的任何服务，具体包括：评估学生对设备的需求；购买、租赁或获取其他设备；根据需要选择、装配、调整、修理或更换设备；为使用设备的学生提供协调服务；向学生、家庭、教师或使用设备的其他人员提供培训或技术援助。

校长告诉教师关于这个学生的 IEP 服务主要包括以下几个方面的培训：在所有环境(如学校、家庭、社区)中使用软件和硬件；布置物理环境，例如建立物理空间以便最有效地利用空间；对设备进行故障排除和维修，包括联系技术支持人员。

(4)再识辅助技术

在 IEP 会议之前，校长要求教师向 IEP 小组提供一些信息，来帮助该小组确定该学生的强项和需要帮助的领域。会议期间，IEP 小组总结并简要论述学生当前在学习上的表现水平。学生能很好地适应新学校，并且在家里能够用文本阅读器独立阅读。此外，学生在文本阅读器的支持下，可以在学校和家中阅读。尽管使用了便携式键盘，他仍在写作中存在困难，需要母亲帮他理清思路。教师认为尽管文本阅读器所提供的帮助有限，但学生仍能坚持完成阅读作业。教师认为学生在作业书写方面还存在困难。同样，该学生的语言艺术老师觉得这个学生很难将自己的想法组织起来写在纸上，特别是在语法和拼写方面还需做出努力。

基于以上该学生的相关信息并了解了他的既定目标和特定任务后，IEP 小组现在使用思考指南来评估他对辅助技术的需求。IEP 小组会考虑他在完成学校任务(如阅读和写作)方面存在的困难、完成任务的环境(如家庭和学校)以及他的喜好和能力。IEP 小组成员总结了学生使用的辅助技术的类型并讨论是否需要对他提供额外的辅助技术。他们认为学生在阅读和写作方面存在困难，这种情况对于特殊学生而言是普遍存在的，因此，这种情况并不局限于某一个具体的学科领域。该小组同意为学生提供这方面的辅助技术来克服这些困难。IEP 小组认为该学生需要额外的辅助技术设备和服务，以帮助他实现阅读的IEP目标，梳理他自己的思路，并完成书写任务。他们详细地记录了学生需要的辅助技术的类型，但没有指定特定的品牌。这样就可以增加设备选择的灵活性，可以使小组不断尝试选择最能满足学生需要的技术和设备，也能避免重新召开IEP会议。

(5)实施辅助技术

一旦IEP小组认为有必要实施辅助技术，他们就会制定书面计划。这些计划包括最直接参与学校实施辅助技术的人员，比如教师。IEP小组通常包括一个副组，该副组通常被称为执行小组或辅助技术小组。这个执行小组制定计划，帮助学校实施辅助技术，并确保完成与辅助技术有关的活动。

IEP小组做好计划之后就开始实施。指定的人员可以获得或定制设备或软件；学生、家长和学校有关人员接受设备培训；学生开始在预先设定的环境中使用该设备。故障诊断和监控至关重要，因为要确保学生能够从辅助技术中获得最大利益。有一点需要说明：教师不是对所有有关辅助技术的事宜负责。当教师在课堂上为学生实施辅助技术时，他们应该时刻记住如何最大限度地获取辅助技术提供的资源和服务。实施计划人员还包括许多设备维护人员。可供教师使用的其他资源包括：国家和地区的辅助技术提供图书馆资源、相应的设备和培训；教师可以利用网站查询有关辅助技术产品、成本、可用性和如何使用的常见问题，找到数以千计的辅助技术设备以及与供应商联系的方式；在线论坛提供在线学习机会，如提供参加学校组织的关于学习障碍的辅助技术服务的讨论的机会；技术和残疾中心免费提供在线网络研讨会资源和关于辅助技术的最佳实践途径以及其他有用的资源。

IEP小组将满足学生提出的有关辅助技术的需求。IEP小组总结学生的个别化教育方案时，提到学生能够用文本阅读器完成大部分阅读，但还是无法完成如工作表或测试表等其他材料的阅读。在语言艺术、科学和社会研究的课程中，学生仍然在梳理思路、写作方面存在困难。IEP小组认识到，目前学生的许多关于辅助技术的需要得到了满足，但他们确信学生在其他方面还需要更多辅助技术的支持。

(6)评估和决策

在实施辅助技术的过程中，收集信息是非常关键的，以便 IEP 小组对学生的学习状态、学习行为以及技术选择做出明智的决策。执行小组应该收集的信息包括：根据学生的反馈来决定学生是否喜欢辅助技术并且认为它是有帮助的；通过观察确定学生是否很投入地使用了辅助技术并对使用此技术具有浓厚的兴趣；通过数据来确定辅助技术是否帮助学生达成了预期的目标。收集完以上信息之后，整个执行小组就开始重新评估技术的实施情况。如果辅助技术的设备与服务运行良好，执行小组就考虑下一步的设备购买问题；反之则考虑运行不好的原因：培训不足、设备与学生的匹配度不高等。接下来，执行小组尝试用其他的辅助技术来解决问题。当发现辅助技术能够收益，并能被不断检测时，执行小组就要考虑其他的相关问题了，例如，是否断断续续出现使用问题，以及如果只是偶尔使用就要考虑成本问题或者辅助技术的老化问题了。

玛格丽特·鲍施(Margaret Bausch)和戴夫·艾迪伯恩(Dave Edyburn)两位教授对于如何收集和分析评估数据提出了建议。执行小组从教师那里收集有关学生使用新的辅助技术的数据，这份数据将决定辅助技术是否为学生的学习提供了足够的支持，额外的培训是否必要，是否需要更新产品，是否需要新设备。在 IEP 会议上，执行小组总结出学生在作业表和考试阅读方面存在困难，因为他无法使用文本阅读器。此外，执行小组建议他使用扫描仪或其他软件。此外，执行小组给教师的建议是将工作表和测试卷扫描后以电子表格的形式发给学生，然后学生可以用教室计算机上安装的软件来阅读。由于在辅助技术实施之前做了测试，因此执行小组可进行前后测对比分析。

(7)教师对使用辅助技术提出的建议

辅助技术可以提高学生在课堂上的独立性，但人们不应该将它看作教学的替代品。仅仅使用辅助技术并不能保证学生的成功，但是教师可以帮助学生通过使用辅助技术获得最大收益。例如，利用辅助技术了解学生的需求，了解学生的长处和短处；参加会议(如 IEP 会议、团队会议)分享信息，考虑学生对辅助技术的需求；参加辅助技术的培训，了解学生使用辅助技术的现状；了解辅助技术如何帮助学生达成 IEP 目标；认识到有些辅助技术在一些课堂上很容易使用，而其他类型的技术可能很难实现，或者可能需要教师花费更多的时间来学习如何有效地使用；让学生练习使用他们容易掌握的一种新的辅助技术设备，然后循序渐进，再学习更难的技能。这样，学生不会因为在同一时间既要学习课堂内容，又要使用新设备而感到精力有限；意识到学生使用辅助技术时，可能需要更多的时间来完成教学任务；了解课堂环境对学生使用辅助技术会产生一定的影响。例如，使用教室计算机可能需要事先考虑设计一个小组活动；注意普通学生因特殊学生使用辅助技术而有意疏远特殊学生；定期监测学生的进步情况。

此外，教师可以使用辅助技术进行合作与交流，例如，寻求其他人的支持，如信息技术专家、其他教育工作者等；使用网站、博客来寻找有用的答案，或者找出他人是如何在课堂上成功使用辅助技术的；如果辅助技术不能很好地为学生提供帮助，要及时与 IEP 小组进行沟通，考虑选择新技术。

4. 反思总结

人们对辅助技术的需求包括对辅助技术的性能需求和对提高辅助技术功能的需求两个部分。在确定了适当的辅助技术设备后，IEP 小组需要提供相应的技术培训和服务支持。此外，IEP 小组还应评估学生对辅助技术的使用情况，以确定辅助技术设备能否正常运行、是否提供额外的培训、是否有必要先适应技术产品、是否使用新设备。一旦合适的设备准备就位，团队就必须继续定期监测学生的进度，以确保他们得到所需的技术支持，以便他们更有效、更独立地完成新任务。

5. 评估诊断

在检测阶段，IEP 小组主要围绕以下几个问题进行反思，例如，列举至少三项辅助技术的名称，并适当描述这些设备在课堂上如何支持特殊学生的学习。解释一下为什么对特殊学生提供辅助技术支持是非常有必要的。为什么对辅助技术的设备和服务的评估很重要？请描述 IEP 小组的三个主要责任。通过学生的辅助技术测定评价，IEP 小组能够决定哪三个结果？假设你是一个第七级的语言艺术教师，而现在有一个针对你班特殊学生的 IEP 会议，那么对于会议即将讨论的关于该生辅助技术的评估，你应该收集什么类型的信息？请至少说出四项。作为一个普通教师，请描述你在辅助技术的实施和评价过程中的主要责任。

(三)实施效果

IRIS 中心课程和培训活动得到了以数据为支撑的实证的不断反馈和修正。IRIS 服务也有助于个体教育工作者丰富自身的知识和技能。如图 4-2 所示，2016 年 IRIS 网站获得最大访问量：约 170 万人次访问了 IRIS 网站，比上年增长了 20%；点击量超过 1560 万人次，平均持续时间为 15 分钟，平均每次访问所浏览的网页数为 9 页。目前，全球 231 个国家和地区已在使用 IRIS 资源。该网站的使用率排名前三的分别是：美国使用人数达到 1495352 人；菲律宾使用人数达到 31046 人；澳大利亚使用人数达到 16647 人。

图 4-2 2013—2016 年 IRIS 网站访问量

利用在线模块反馈表单收集各种 IRIS 用户的、评论和建议。IRIS 资源的使用人数如图 4-3 所示。使用模块和模块概述的人数占比较大，而词汇表、样例教学大纲、实践总结等模块使用人数较少。

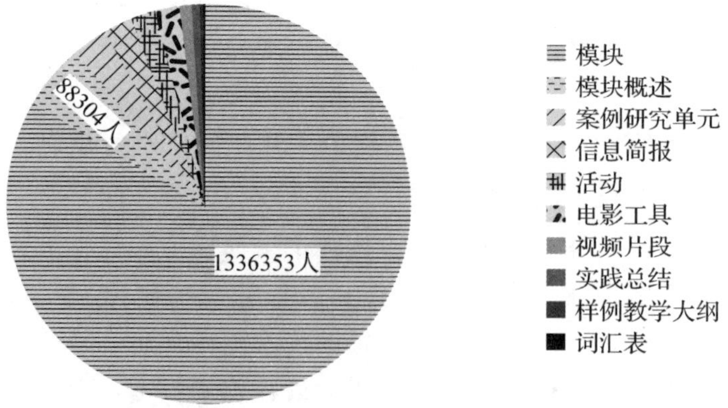

图 4-3 IRIS 各资源的使用人数

四、案例特点与创新

(一)案例特点

IRIS 中心的资源不是按照非结构化的素材提供的，而是以现实挑战为出发点，以问题为中心，以案例为载体，将学生解决问题所需要掌握的知识与技能进行了整合。每一个主题案例都依据星型交互模型，遵循问题产生—提出设想—解决问题—总结反思—评估诊断的设计与开发思路。

问题产生部分，通过视频创设真实情境，引出教学需要解决的问题或可能遇到的挑战，使学生处于有意义的真实情境中，帮助其理解实践的基本原理。

提出设想部分通常是在引导学生进入镶嵌有问题的真实情境后，让学生设想面对挑战、解决问题的核心是什么。这一过程帮助学生构建问题框架，减少实践的复杂性，减轻认知负荷，保留关键要素，支持学生搭建思考问题的支架。例如，辅助技术案例抛出了几个问题支架，帮助学生构建问题空间，思考解决问题的关键要素。

解决问题部分主要呈现问题解决过程及学生在这个过程中需要掌握的知识和技能等，而且难度层层递进，先从对相关概念的界定入手，随后知识的难度和层级逐渐增加，对每一层级知识点的音频、视频、文本案例进行解析。这一部分案例资源的核心是使实践的内隐要素外显化，以便让学生通过观察、倾听、讨论等方式掌握这些关键要素。该部分通过为学生提供概念支架链接已学知识和实践，从而将学生的先验知识、能力、经历与实践联系起来，并据此设计和安排学习活动。例如，在辅助技术案例中，学习内容包括辅助技术、辅助技术设备、辅助技术服务、再识辅助技术、实施辅助技术、评估和决策，以及教师对使用辅助技术提出的建议等。整个资源的表现形式以及活动顺序的安排围绕实践展开，包括利用文本介绍辅助技术的作用，并通过视频展示学生可能需要用到的斜板、放大镜、计算机、替代键盘等 17 种辅助技术工具。该部分让学生明确辅助技术就是用来帮助特殊学生实现个别化教育方案目标的，并以特殊教育领域研究专家、实践专家和一线教师交谈的方式，分析学生的学习障碍，并给出使用辅助技术的建议。在交谈过程中，实践专家就对辅助技术设备的理解及如何结合学生学习障碍的特点选择设备谈了自己多年的经验，将隐性知识显性化，帮助一线教师理解辅助技术对学生的支持，提供能够得到培训或技术援助的途径等。

总结反思，激发学生对现有观点进行再思考，让学生总结反思自己"最初设想"的解决问题的关键和过程，并与案例展示的专家智慧的内部认知模式进行比较。例如，辅助技术案例让学生在学习了案例展示和提供的资源之后，思考自己最初的设想是否发生了变化、理由是什么，以及与案例中的专家相比，自己解决问题或做出决策的过程有哪些异同等。

评估诊断应关注深层思维所支持的问题解决过程，将评估聚焦学习过程或问题解决过程，而不仅仅是结果，于是提出与前期目标相吻合的问题，让学生回答，从而判断学生知识、技能的掌握情况，并给出学习方法建议。例如，辅助技术案例提示学生列举至少三项辅助技术的名称，并适当描述这些设备在课堂上如何支持特殊学生的学习，同时解释一下为什么对特殊学生提供辅助技术支持等。

(二)案例创新点

每一个完整的主题案例都依据星型交互模型进行构建，对特殊教育案例进行分析，先是从对相关概念的界定入手，随后逐渐增加知识的难度和层级，不断细化，循序渐进，对每一层级知识点的音频、视频、文本案例进行解析。此外，每一个主题案例都提供特殊教学活动，这些活动被划分成多个环节，包括"课堂讨论"和"独立学习"等。

IRIS 中心除了主题案例资源库外，还包括交互的单元模块、特殊教学活动、信息简报、研究综述、特殊教育视频片段等。其中，网站信息简报来源广泛。研究人员提供了他们对特殊教育领域各种重要问题的观点，包括基于实证的研究以及干预反应。大学教师、专业的开发人员以及独立的学生通过使用 IRIS 网站提供的扩充材料来深化 IRIS 模块和案例库的建设。

五、案例经验与启示

我国特殊教育信息化已取得了显著进展，但与普通教育、特殊学生的需求和世界发达国家相比还有明显差距。我们必须充分认识推进特殊教育信息化的重要性和艰巨性，全面部署、加快实施特殊教育相关战略，初步建成中国特色特殊教育信息化体系，使我国特殊教育信息化整体水平接近国际先进水平，推进特殊教育事业的科学发展。美国在特殊教育教师培训和资源建设方面对我国特殊教育建设有多方面的借鉴意义。

(一)设计个别化教育方案

在美国特殊教育过程中，教师能为学生提供个别化教育方案。学生可以利用辅助技术与他人沟通、交流，完成学术任务，参加社会和课外活动，在学校周边旅行，获取资料等。我国特殊教育教师的教学软件使用情况与普通学校教师的并无差别，即常用软件应用能力较强，专业化软件应用能力水平过低，且很少使用特殊的、适用于不同缺陷类型学生的辅助教学软件。在常用软件应用中，教师也没有考虑到学生的特殊性。特殊教育之所以特殊在于它所面对的学生的缺陷类型不同，缺陷导致的障碍类型不同，学生的学习与康复需求不同等，这些都是开展信息化教学必须要考虑的因素。例如，因为听障学生听力状况不佳，教师应尽可能为听障学生提供视觉化的信息。而目前教师在教学中制作和应用的课件与普通学校相比没有突出特殊性。特殊教育教师往往会借鉴普通学校教师使用的课件资源，没有考虑到他们所面对的学生的特点。因此，我国特殊教育应该借鉴个别化教育方案进行个性化教学。

(二)建设特殊教育资源中心

美国在特殊教育领域不仅建设了特殊教育在线资源中心IRIS，而且颁布了四大全国性教师专业标准，形成了特殊教育教师职前、在职和职后“三位一体”完整的学科专业标准体系，对美国特殊教育师资队伍的建设及特殊教育质量的提高起到了积极的作用。当前，我国特殊教育学校信息化基础设施建设已基本完成，解决了网络接入和计算机应用问题；数字化校园建设刚刚起步，缺乏标准指导；OA系统、课程与资源管理平台系统等校园应用管理系统尚未整合和广泛应用，所以学校信息化管理水平尚处于起步阶段。目前我国特殊教育信息化最主要的任务是组织特殊教育学校管理人员、教师的信息技术应用能力培训，即依据特殊教育学校教师信息技术应用能力标准，开发系列教材和在线课程，组织管理人员、教师的信息技术应用能力培训；建设信息技术应用能力在线培训平台和网上学习指导交流社区，为教师提供个性化培训课程，尤其是对数字化校本课程开发、教学资源设计与开发、信息化教学设计等内容进行培训，以及进行如何建立专家团队等促进专业发展途径、方法的培训；到 2020 年，建立多个国家级培训基地，形成以基地为中心、辐射全国的特殊教育信息技术应用能力培训体系。

(三)进行以问题为中心的资源设计

IRIS 中心的资源均以现实挑战为出发点，以问题为中心，以案例为载体，将学生解决问题所需要掌握的知识与技能进行了整合。每一个主题案例都依据星型交互模型，遵循问题产生—提出设想—解决问题—总结反思—评估诊断的设计与开发思路。我国教师在特殊教育过程中，对优质教育教学资源的需求较为迫切，但我国目前尚未形成特殊教育资源建设标准和共建共享机制，存在所获得的资源与特殊教育教学内容不符、来源途径单一、不能满足残障学生的特殊需求等问题。因此，我国应针对特殊学生设计个性化的教学资源：首先，为学生建立问题库，实现特殊教育常见问题、解决方法及案例等的共享；其次，建立残障学生管理系统，为每一名特殊儿童建立不仅包含基本信息还包括发展情况(不同阶段的发展评估记录)的学籍档案，使学生进入一所新的学校时能够使新学校在已有档案记载情况的基础上，制定恰当的培养计划，而不需要重新测评、观察等；最后，根据学生需求设计以问题为中心的教学资源，为学生的个性化发展提供现实依据。

第二节　英国国家物理虚拟实验室

一、案例基本信息

英国国家物理实验室针对物理学科构建了一个虚拟实验室，方便学生对每个物理实验进行模拟操作，以培养他们对物理学科的兴趣。表 4-2 概括了本案例的基本信息。

表 4-2　案例基本信息

案例名称	物理虚拟实验室
实施地区	英国
主要实施者	英国国家物理实验室(NPL)
实施对象	12～16 岁和 17～19 岁的学生
相关网址	http://vplab.ndo.co.uk/?domain=www.vplab.co.uk(引用时间：2018-04-10)

二、案例概述

虚拟实验技术是指运用信息技术搭建虚拟实验室，利用计算机软件开发工具对实验仪器进行仿真，实现仪器的物理功能，并构建可视化、交互型的人机对话界面的技术。教师和学生可以通过计算机及网络模拟操作实验，而且实验内容不受实体实验室仪器设备和实验材料的限制。虚拟实验室管理人员可以很方便地管理、使用实验仪器，也可以根据实际需要调整实验内容。

英国国家物理虚拟实验室是一个有 300 多个交互式模拟实验系统的网站，其中有 30 个学习主题，这些主题按照英文字母顺序排列，如图 4-4 所示。每个主题包含 10 门左右课程，如天文主题，包括行星的引力、月相、轨道等实验课程，这些实验课程的资源丰富且用途广泛灵活。这些实验资源不涉及任何特定的教学大纲，现已成功地应用于世界范围的多门物理实验课程中。虚拟实验室中的部分动画和虚拟实验超出了学校对学生的要求，目的是培养那些对物理感兴趣并且有能力的学生。

英国国家物理虚拟实验室最初是由英国国家物理实验室的科学家约翰·纳恩(John Nunn)创建的，后由英国国家物理实验室赞助，得到了英国国家物理实验室、物理研究所和剑桥国际考试的认可。英国的教师可通过参加由英国国家物理实验室或物理研究所组织的培训活动，获得该软件的免费版本，但是其他地区的教师和学生需要购买才可以使用。

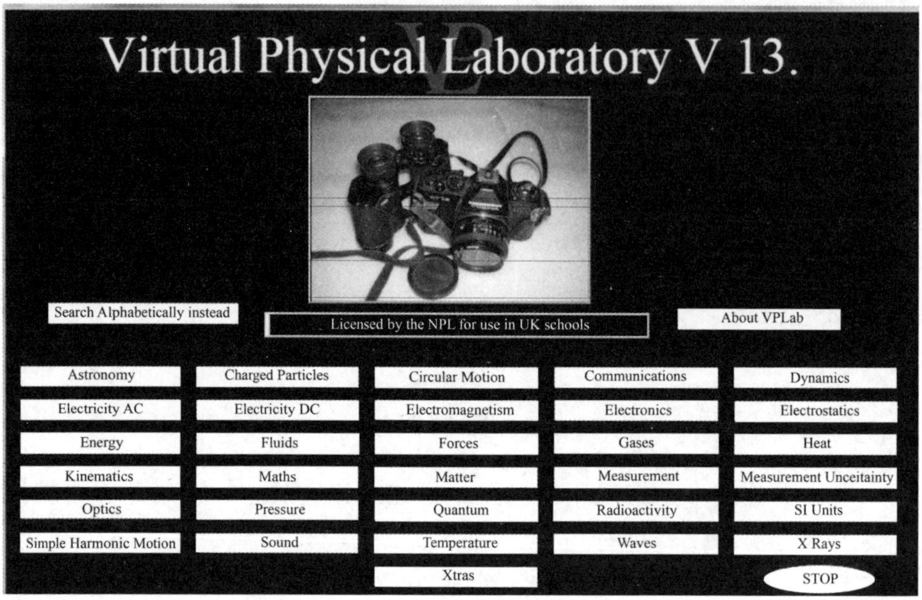

图 4-4　学习主题列表

三、案例实施与推进

(一)实施背景

英国国家物理实验室的科学家约翰·纳恩经过多年的教学实践，发现通过交互模拟能够更好地辅助物理教学，且建立虚拟实验室后每个人都可以安全而放松地去做实验，同时学生可以很快地达到学会新知识的目的，这种学习方式不仅适用于学生，也适用于教师。师生在这种实验学习过程中可以更直观地学习物理知识。因此，约翰·纳恩花费 16 年的时间开发了物理虚拟实验室，来帮助那些学习物理的人以及那些已经学过物理的人，激励他们继续学习这门有趣的学科。

虚拟实验室是现代计算机技术、VR 虚拟现实技术、Web 技术发展的产物。在物理学科中，很多现象和原理是无法还原真实情景的，比如电路检测问题、家庭电路问题等，这就需要借助虚拟实验室。因此，在中学物理教学中引入虚拟实验是非常必要的，因为中学物理课程强调物理知识的基础性、系统性和实践性，同时因为中学生由于年龄较小、理解能力有限，学习物理的难度较大。在物理教学中引入虚拟实验并与真实实验有机结合，可以培养学生对物理规律、物理现象、实验仪器等的感性认识，帮助学生在直观中学习抽象的理论知识和物理规律。

(二)实施方案

在物理教学中，物理虚拟实验室可以有多种不同的用途：作为一个动画进行演示；作为虚拟实验生成典型测量数据；作为课程支持资源；作为一种定性勘探工具；在进行真正的物理实验之前为学生演示如何在实验室进行操作；作为一个平台帮助学生进行扩展实验；作为一个丰富学科知识的工具；作为互动实验的参考百科全书；作为一个低成本的数据记录包(记录学生实验数据)。

物理虚拟实验室实施在操作过程中非常直观。每个模拟实验都包括实验指导、理论和实验操作。主题的实验学习流程如图 4-5 所示，以力学为例。当学校购买了该实验室的使用权后，将其安装在学校服务器上，计算机教室中的每一名学生就都可以同时进行模拟实验了。

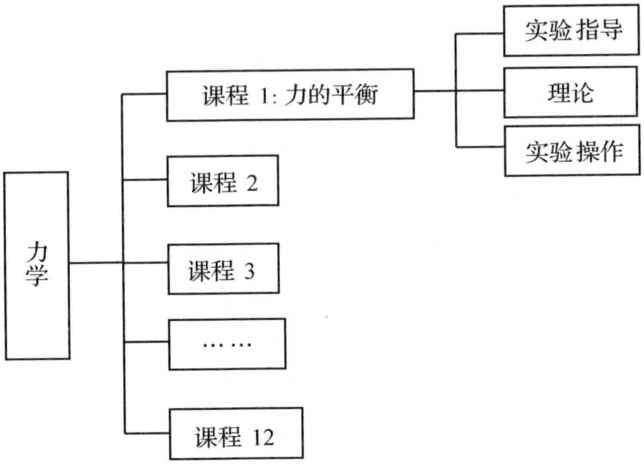

图 4-5 实验学习流程

下面介绍两个主题的具体实验学习流程。

1. 主题——力学

课程：力的平衡

在这个实验中，学生将学习如何运用力矩原理发现杠杆长度与物体质量之间的关系。实验界面如图 4-6 所示。

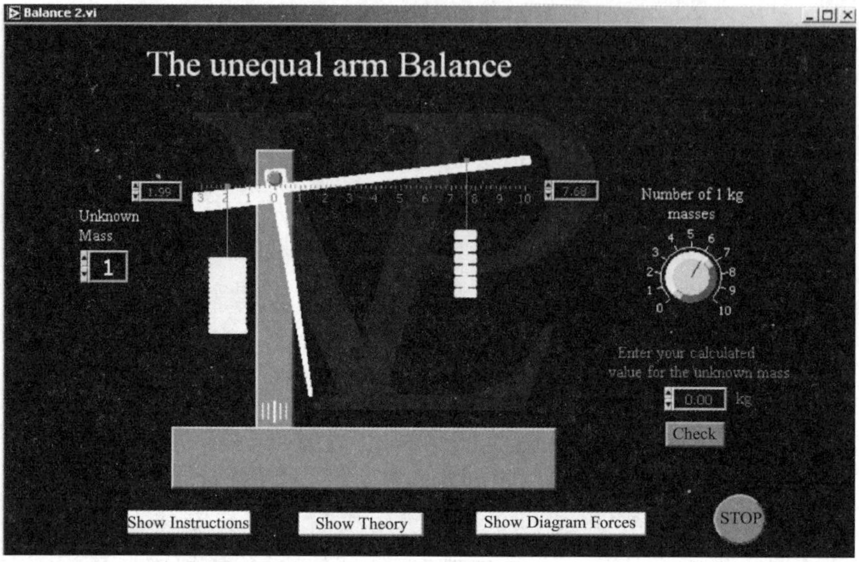

图 4-6 平衡实验

这种类型的平衡理论称为“力的力矩”理论，其中力矩是使物体旋转而不是以固定的方向加速的力。只要你有一个支点，你就能产生转动的力。因此，在这个理论下，学生可以自由探索增加砝码的质量或者移动刻度最终达到平衡。在这个实验中，右边的质量产生一个顺时针力矩，左边的未知质量产生逆时针力矩。顺时针力矩等于逆时针力矩时达到平衡。学生在不断尝试中慢慢发现规律，并得出结论。理论公式如图 4-7 所示。

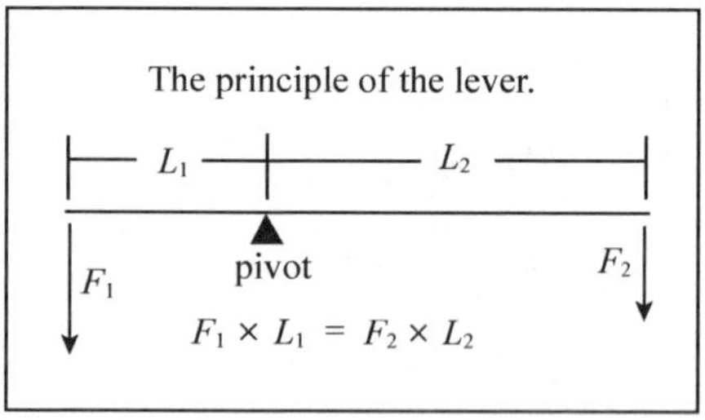

图 4-7 力矩公式

2. 主题——光学

课程：透镜

在光学实验中，学生不容易在实际实验中进行模拟。但是在虚拟实验室中，学生可以通过调节透镜的曲率、选择单条光线或多条光线等来观察不同的折射现象，如图 4-8 所示。

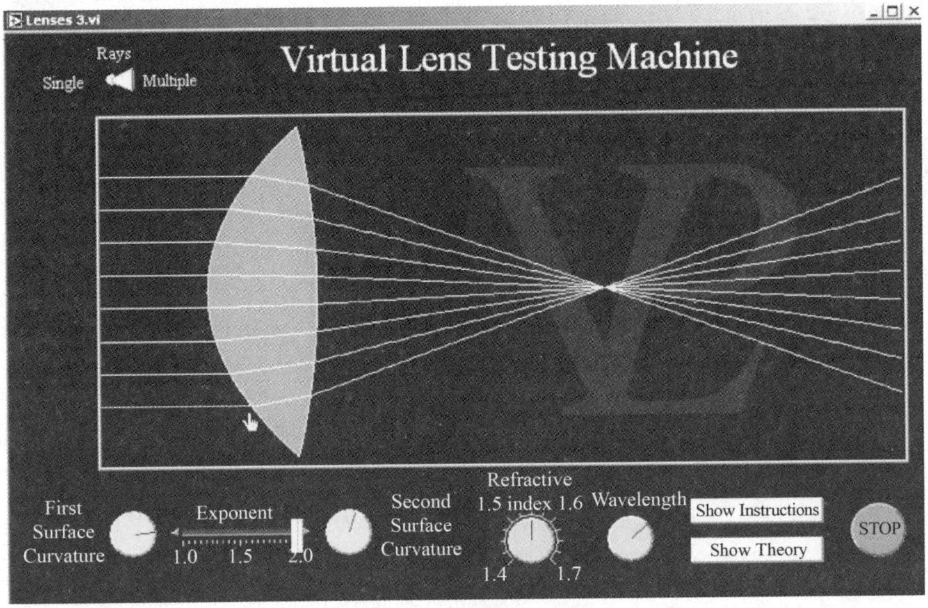

图 4-8 透镜模拟图

图 4-8 中，中间比较厚的镜头是聚拢的，中间比较薄的镜头是发散的。透镜表面的曲率决定焦距，弯曲度大的透镜具有更短的焦距，因此，学生在学习过程中有必要对表面曲率进行研究。在传统的课程学习中，学生研究透镜曲率必须先通过手工打磨，然后才能观察实验现象。在虚拟实验室中，学生可以调节各个参数，如透镜的厚度、凹凸曲度、射线的颜色等，自由观察实验现象，非常便利。

(三)实施效果

英国国家物理虚拟实验室已经被很多国家的学校运用在物理课堂学习中。目前，物理虚拟实验室已经在五大洲的十几个国家被使用，如新西兰、墨西哥、澳大利亚、英国和加拿大等。

四、案例特点与创新

英国国家物理虚拟实验室有四个基本功能：一是提供仿真的实验环境；二是可以使学生在虚拟的环境下搭接和操作虚拟元器件、仪器等；三是能仿真实验内容和过程；四是具有相应的教学辅助功能，如实验指导、实验提示和结果检测等。有些在真实环境中不能够科学准确实现的实验，在虚拟实验环境中可以很好地实现；危险系数高的实验用虚拟实验来实现可以将危险系数降为零；虚拟实验还可以解决实验仪器和设备的更新换代问题；在虚拟实验中，学生可以自主选择实验的时间和地点，不用担心弄坏贵重的实验仪器，因此可以将所有的重心放在做实验上；虚拟实验不会因为实验仪器不干净或者老化等问题而出现较大的实验误差。

虚拟现实技术为师生创设了直观的学习环境。虚拟实验室便于学生理解和应用知识，便于教师及时调整教学方法，使教学计划、教学方法都围绕模拟的环境进行设计。在物理教学中引入虚拟实验并与真实实验有机结合，可以培养学生对物理规律、物理现象、实验仪器等的感性认识，帮助学生在直观中学习抽象的理论知识和物理规律。虚拟仿真环境适合教师教授程序性知识，帮助学生应用所学到的技能完成包含多个行为序列的学习任务。虚拟实验室学习以学生为主体，帮助学生进行探究式学习。虚拟实验室提供了一系列实验主题，使学生可以根据兴趣、学习需要进行探究式学习，自主探索实验中不同操作带来的实验现象，激发学生学习和探索知识的兴趣。这是一种真正体现以学生为主体、以学生发展为本、培养学生创新能力的新型教学模式，能有效促进学生与学生、学生与教师之间的交流，培养学生的探究能力，实现监控与辅导功能。

虚拟实验室突破了时间和空间的限制，有利于培养学生的创造力和实践精神。学生可以自由安排学习时间，随时进行实验。根据学校实际情况，学生可以选择在单机上使用或者在互联网上使用虚拟实验室平台。只要学生安装了播放插件，就可以进行虚拟实验。对教师而言，虚拟实验室的开设有利于教师教学活动的开展，有利于增强教学的趣味性，方便教师及时了解学生的实验情况，提升教学效果。对学校而言，虚拟实验室减少了学校在实验室器材方面的投入。此外，多学科实验室资源的整合，达到了资源优化配置的目的，并且虚拟实验室还规避了一些实验可能给学生人身安全带来的危险。虚拟实验的自主性主要是强调学生可以自主选择实验的时间、地点和内容。资源共享性主要是指教学资源(实验报告、课件、试题等资源)的共享和虚拟实验对象(信息、软件、实验仪器和设备等资源)的共享。资源共享不仅可以节约成本，而且还便于学生使用资源。因此，资源共享是搭建虚拟实验系统的目标之一。

五、案例经验与启示

虚拟现实技术能够为学生和教师提供逼真、生动的学习环境，具有较强的可参与性，从而使学生和教师能进入虚拟环境进行角色扮演，形成与传统教育环境不同的教学模式，这对克服传统教学的缺陷，分析和破解重点、难点，培养学生的技能，调动学生的学习积极性等都将起到积极的作用。

虚拟现实技术出现后不久，我国各高校在许多相关领域就进行了一些课题研究。北京航空航天大学分布式飞行模拟的应用，浙江大学建筑方面虚拟规划、虚拟设计的应用，哈尔滨工业大学的人机交互都取得了较大进展，特别是清华大学在临场感的研究方面颇具成效。从学科教学角度来看，虚拟教学在理工科的教学和操作技能训练中将大有可为，例如，在具有一定危险性或需要大量人力、物力、财力的建筑、机械、物理、化工等学科的教学中。

虚拟实验比传统实验更易实现，更能表达实验所期望展示的内容，而且虚拟实验具有一次开发多次使用、基本不需要消耗实验器材、不具有操作危险性等优点。但虚拟实验开发依然面临一些挑战：交互性方面，虚拟实验的交互完全依赖设计，所以实验设计必须预设各种可能出现的情况，对实验设计人员的要求比较高；真实性方面，即用户体验方面，虚拟实验需采用各种技术增强在线实验的现场感。学生对于虚拟实验最大的意见在于真实感不够，特别是虚拟实验还不能模拟多种实际工程可能会出现的突发情况。

模仿的过程出现失真现象也是不可避免的。长期使用虚拟器材，会使学生对现实器材感到陌生。在以后接触更深层次的物理研究时，学生还是需要使用真实的实验室的。此外，虚拟实验室是经过研究整合后的一个实验系统，很多成果已经被录入其中，这对一些有新的实验想法或者新问题的学生来说其实是一种无形的束缚。真实实验室，是对学生听觉、视觉、嗅觉等的综合调动，而虚拟实验室会导致其中一部分感觉无法被调动。教师在教学中不能完全依赖虚拟实验室，应当在条件允许的情况下把虚拟实验室和真实实验室有效结合在一起。

第三节　在线开放课程新趋势：从 MOOC 向 SPOC 转变

一、案例基本信息

信息技术的跨越式发展掀起了在线教育热潮，于是大规模在线开放课程(Massive Open Online Course，MOOC)受到广泛关注和大规模运用。随着“MOOC 热”的逐渐消退，小规模限性在线课程(Small Private Online Course，SPOC)成为 MOOC 转型的新方向。表 4-3 概括了本案例的基本信息。

表 4-3　案例基本信息

案例名称	在线开放课程新趋势：从 MOOC 向 SPOC 转变
实施地区	加州大学伯克利分校、麻省理工学院
实施时间	2013 年至今
主要实施者	加州大学伯克利分校、麻省理工学院
实施对象	加州大学伯克利分校学生、麻省理工学院学生、其他学校在线学生
相关网址	http：//www.chronicle.com/article/A-Truce-Over-Technology/143229/(引用时间：2018-04-10)

二、案例概述

(一)MOOC 的内涵

2011 年，斯坦福大学的两位计算机教师宣布在互联网上免费提供人工智能入门课程，吸引了约 16 万名学生参加该课程，从此 MOOC 出现在大众的视野里。MOOC 是指学生大规模参与的基于网络开放式资源的在线课程。“在线”是指学习是在网上完成的，不受时空限制。“开放”是指世界各地的学生只要有上网条件就可以免费学习优质课程，并且资源对所有人开放。与以往麻省理工学院的开放课程不同的是，MOOC 不仅把课程内容展示在网上，而且把课程学习的全过程都搬到了网上，使学生可以完成从报名到考试的完整学习。相对传统课堂教学，MOOC是一种全新的在线教育方式，它以“将世界上最优质的教育资源，传播到地球上最偏远的角落”为教育宗旨，力求最大限度地促进教育公平，实现真正的教育民主，促进精英教育的大众化。

（二）MOOC面临的危机

随着计算机和网络技术在教育领域的广泛应用，MOOC的用户数量迅速扩张。以Coursera为例，截至2017年3月，Coursera与世界149所大学合作，推出2000门课程，注册会员超过2400万名。① MOOC在受到各界广泛关注的同时也出现了发展危机。我国教育部在线教育研究中心发布的《中国慕课行业研究白皮书》显示，我国2004年的MOOC用户增长率高达283%，2015年下降到92%。MOOC规模逐渐趋于平稳，显示出降温迹象。与此同时，MOOC的问题开始受到诟病。MOOC的提供商Udacity支持圣何塞州立大学三位教授开发和讲授MOOC，每门课150美元/生，但是三门课程的通过率分别只有29%、44%和51%。② 作为常青藤学院之一，著名的文理学院阿姆赫斯特学院的教授则以70∶36的投票结果决定拒绝与edX在线课程平台合作。③

学校需要支付课程的制作费用、教师的薪酬和平台使用费用等，而这些在线教育费用对学校而言是较大的负担，往往让部分大学难以为继。平台的授课教师及其授课方式也未完全符合MOOC理念。以FutureLearn为例，该平台仅用了10个月的时间就添加了大量课程。但在线课程的教学理念仍然比较传统，仅仅是用新的方式重新加工了现有的材料，且基于认知主义的学习方式依然是主流，而行为主义和建构主义并未得到充分发挥。此外，这些课程不设先修条件，导致学生的知识基础参差不齐，不仅打击了学生学习的信心，也影响了教师教学的积极性，这成为MOOC注册率高、完成率低的重要原因之一。

（三）MOOC向SPOC转变

随着“后MOOC时代”的来临，更多的探索者把关注点放在了

---

① 资料来源：https：//about. coursera. org/，2017-03-14.

② Devlin，K.，“MOOC mania meets the sober reality of education，” http：//www. huffingtonpost. com/dr-keith-devlin/mooc _ b _ 3741625. html，2018-08-22.

③ Kolowich，S.，“Why some colleges are saying no to MOOC deals，at least for now ，” http：//chronicle. com/article/Why-Some-Colleges-Are-Saying/138863/，2018-08-22.

MOOC与传统教学模式的结合上，回归到MOOC发展的起点问题：希望通过MOOC达到什么教育目标？MOOC能否成为大学提高教育质量进而提升国际竞争力的重大举措？究竟是向全球推广课程，争夺全球生源，以服务全球学生为已任，还是服务于本校教学质量的提高？加州大学伯克利分校的阿曼德·福克斯(Armand Foux)教授首次提出并且使用了SPOC这一概念。他指出当前MOOC对大学实体课程的影响很小，而大学实体课程原本应该是大学的出发点。SPOC主要针对大学在校学生。与MOOC相反的是，SPOC的学生规模并不大，控制在几十到几百人。学生先在指定的网站上通过视频材料学习基本知识点，随后完成材料中的练习。教师在线下组织并发起小型讨论，当面回答学生的问题。校外的课程申请者也可以对整个教学视频和教研课程进行观摩。2013年起，美国各大名校都在进行各自的SPOC实验并取得了比MOOC更好的效果。本文重点介绍加州大学伯克利分校和麻省理工学院的SPOC实验。

三、案例实施与推进

(一)加州大学伯克利分校的SPOC实验及推广

软件工程是加州大学伯克利分校的品牌课程，由福克斯教授在edX平台开设，同时以SPOC模式提供给伯克利分校的学生。参与软件工程学习的校内外学生都需要在线上完成同样的任务。这门SPOC课程的关键特色是它的自动评分功能，即学生提交完整的编程作业或在云端配置完整的应用程序后，马上就能得到详细的评分结果和反馈信息，远比从传统的教学助理那里得到的详细和全面得多。此外，自动评分功能允许学生多次提交作业，在让学生获得更高分的同时，也提高了他们对知识和技能的掌握程度。

由于获得了比较显著的成效，2013年春季，福克斯团队将其SPOC模式迁移至其他四所大学，具体情况如表4-4所示。四位不同的授课教师都在上课之前观看了福克斯教授的MOOC视频；三位教师使用了MOOC中的测试题；两位教师使用了自动评分作业系统；一位教师使用了翻转课堂，让学生课下观看MOOC视频，在课上进行讨论。

表 4-4　四所大学软件工程课程的开设情况

大学	学生	选修/必修	时间	项目形式	教师
宾汉姆顿大学	大一、大二	选修	14 周	团队	Rose Williams
夏威夷太平洋大学	高年级	必修	15 周	学生独立	Samuel Joseph
科罗拉多大学（科泉市）	低年级、高年级	必修	16 周	团队	Kristen Walcott-Justice
北卡罗来纳大学	大一、大二	必修	15 周	小组	Richard Ilson

一个学期之后，四所大学的 SPOC 课程都得到了较好的评价，主要包括以下几个方面：①自动评分功能减轻了教师的负担，同时强化了软件工程课程的“测试驱动开发”(Test-driven Development)理念；②课程视频的信息丰富、密集，同时学生可以暂停、回顾任何一个知识点；③学生能接触到软件工程的最新技术和最前沿的开发方法；④该课程给优秀学生带来其他课堂所没有的挑战；⑤申请课程的校外学生也可以通过讲座视频接受世界一流的教育，并且能够迎接伯克利大学顶级计算机科学计划所提供的同样课程的挑战。

尽管课程的入门非常有难度，但所有学生都希望再次学习该课程。这些课程的注册率几乎增加了四倍。当然，课程的进行阶段也出现了一些问题。例如，由于好几千人(包括旁听生)都在做作业，学生很容易在网上找到作业的答案，且自动评分和编程环境的不完善也影响了学生的努力。福克斯团队已经意识到了这些问题，计划在下一轮课程中进行改善，其中之一是鼓励学生参加论坛，在与其他学校学生的交流中获益。在这次试用版中，教师观察到，许多学生在学习和做作业时都会遇到同样的问题，特别是第一次接触新的计算机语言和新工具时，遇到的困难具有相似性。论坛可以使他们获得更多关于软件工程的观点和更多反馈信息。此外，当学生遇到新语言、新框架、新工具等方面的问题时，论坛上世界各地的助教会帮助解答，这在校园里很难遇到。

(二)麻省理工学院的 SPOC 实验及推广

MOOC 曾被质疑将削弱教学方式的多样性，对此，福克斯教授表示，教师将 MOOC 作为课程资源进行改编，以 SPOC 模式用于校园课程可以有效避免这个问题。加州硅谷地区的圣何塞州立大学和波士顿地区的邦克山社区学院分别利用麻省理工学院在 edX 平台上的课程进行了 SPOC 教学实验，并取得了初步成效。

圣何塞州立大学的考斯洛·甘地瑞(Khosrow Ghadiri)教授将模拟电路课程的实体课堂分为三个阶段。前两个阶段，他采用麻省理工学院阿南特·阿加瓦尔(Anant Agarwal)教授创建的电路与电子技术在线课程讲座视频，并且将该教授创建的作业作为练习材料。课堂外，学生可以观看阿加瓦尔的讲座，并完成教师设计的在线课前调查，内容包括学生已经掌握的和存在困难的知识等。课堂内，甘地瑞教授首先根据课前调查获得的信息确认学习难点，然后让学生形成三人一组的团队来解决这些难题。在讨论之后，学生就当天的学习材料独立接受测验。起初，学生对这种方式表示怀疑，但是，这些学生的阶段测验成绩逐渐超过了那些传统的面对面常规课堂中的学生。与那些使用常规教学材料的学生相比，实验学生在第一次考试中的成绩提高了 5%，第二次提高了 10%。更引人注目的是，学生得到的 C 或 C 以上成绩的比率从 59%提升到了 91%。至学期末，91%的学生通过了这门课程，至此 SPOC 教学取得了显著的成效。[①]

四、案例特点与创新

(一)加强知识构建，实现个性化学习

SPOC 的申请具有一定条件，它综合考虑了学生的专业背景、先修课程及学习基础，重点参考学生的以往学习表现、个性、特长、兴趣等方面，有利于实现分层教学，为不同的学生群体提供异质性教学服务并因材施教。SPOC 教学资源的开发有“引进、自制、改造”等方式：一是与 MOOC 开发商等进行深度合作，引进优质 MOOC 资源；二是建设自有课程，或与合作方合作开发 SPOC 教学资源；三是把校内已有的精品课程资源进行升级改造，或对引进的 MOOC 资源进行二次开发或“本土化”改造。不同的资源开发方式有利于为不同的学生群体定制个性化的课程内容。

SPOC 高质量微视频通常采用多媒体或嵌入式呈现方式，如通过采

① Stave Kolowich, “A truce on the tech front at San Jose State,”http://www.chronicle.com/article/A－Truce－Over－Technology/143229/, 2017-11-22.

用文字、语言、动画、声音、影像等多种媒体形式展现，嵌入问题、微案例、微项目、练习等，使视频讲解更具情境性，有利于激发学生参与学习和促进知识建构。SPOC 平台播放视频不受时空限制，方便学生进行个性化自主学习。学生可以通过 SPOC 内部论坛等多种交互工具及广泛联通的社交网络，进行在线交流与互动、在线话题讨论与思考；通过"路径寻找"的方式建构自己的信息网络，在交流互动过程中相互分享学习资源、观点与见解，促进新知识、新内容的生成。SPOC 技术平台具有的机器评判与即时反馈、学习过程记录、学习情况快速统计等功能，可以增强人机交互，激发学生的自主学习动机。此外，综合运用云计算、物联网、人工智能、三维动画、模拟仿真等技术，在 SPOC 平台上创设虚拟现实、虚拟实验等学习环境，把学生纳入特定的学习情境中训练学习，并和他们所处的情境进行自主的物质和能量交换，促进知识构建。

（二）支持迁移应用，提升学习体验

SPOC 可以很方便地采用翻转课堂教学模式，将基础知识的学习移到课前完成，从而使课堂上的大部分时间用于课堂活动。SPOC 项目、案例与实验本身是一种情境化、整体化的知识表征方式，旨在促进学生对知识的有意义的整体感知和对真实情境的体验。团队学习以小组讨论、一对一交流、一对多交流的方式进行，为学生营造良好的面对面互动与对话氛围，促进学生对知识与观点的批判分析，加强学生对知识的深度反思。此外，协作训练、探究学习有助于培养学生解决探索性问题的能力，促使他们对知识进行有效的迁移与应用。通过创设沉浸式学习情境，学生会产生身临其境的感觉，有利于实现知识在不同情境中的迁移与应用。

五、案例经验与启示

SPOC 既提升了大学的对外品牌效应，也促进了大学内的教学改革，提高了校内教学质量。有学者指出，这些顶尖大学之所以追逐 SPOC，是因为它适应了精英大学的排他性和追求高成就的价值观，帮助大学实现了提高教学质量的目标。SPOC 凝聚在线教育在大学校园中的真正价值。SPOC 的重要性在于在线学习已经跳出了复制课堂课程的

阶段，正在努力创造一些更为灵活和有效的方式。此外，SPOC将课程授权给其他学校使用，并提供教师培训指导，也帮助这些大学提高了质量。

在一些非顶尖大学，高额的MOOC费用往往让他们难以为继，因为很多公立大学除学费外没有其他经费来源。相比而言，SPOC模式的成本较低，且能用来创收，提供了一种可持续发展模式。为了维持收支平衡，SPOC需要积极营销与推广课程，以其在课程设计与创新方面的优势吸引大学和商业机构。所以SPOC教学不仅提高了教育质量，也降低了教育成本，帮助学生以更短的时间毕业，从而使受教育成本降低。此外，SPOC更加强调赋予学生完整、深入的学习体验，增强学生的学习动机，有利于提高课程的完成率。通过限定课程的准入条件和学生规模，SPOC能够为这些经过特别挑选的学生定制课程，为他们提供有针对性的、力度更大的专业支持，增进学生对课程的完整体验，从而避免MOOC的高辍课率和低完成率。SPOC模式充分利用了MOOC的重要特征，提供高质量的课程材料并且通过自动评分功能迅速反馈给学生，最大限度地使稀缺资源发挥效力。

第五章　教学评价方法变革案例

第一节　诺丁汉特伦特大学学习预测分析[①]

一、案例基本信息

英国诺丁汉特伦特大学的学习预测分析项目在2014年被授予高等教育奖，获得了教师和学生的广泛好评。学校主要通过设置学习分析仪表盘促进师生的互动，提高学生的学习效率。表5-1概括了本案例的基本信息。

表5-1　案例基本信息

案例名称	诺丁汉特伦特大学学习预测分析
实施地区	英国
实施时间	2012年至今
主要实施者	诺丁汉特伦特大学
实施对象	诺丁汉特伦特大学的学生
相关网址	https：//www. ntu. ac. uk/(引用时间：2018-04-10)

二、案例概述

诺丁汉特伦特大学的学习分析仪表盘(Learning Analytics Dashboard，LAD)以加强对学生信息的管理、增强学生对课程社区的归属感为目标。学校最开始先试行了四门课程，服务对象为40多位教师和

① 案例支持专家：谢幼如。

500多名大一学生。学校为学生提供了统一的信息面板，利用学习分析软件将图书馆使用情况、出勤情况和学业成绩等信息整合在一起。图5-1预测分析系统是学习分析仪表盘的工作路径。

诺丁汉特伦特大学通过对学生分析仪表盘数据的统计来判断学生对课程的参与程度。结果表明，与分析学生背景相比，学习分析仪表盘更能准确预测学生学业的成功。诺丁汉特伦特大学的预测分析项目提高了28000名学生的学术能力，特别是提高了他们的课程参与度。

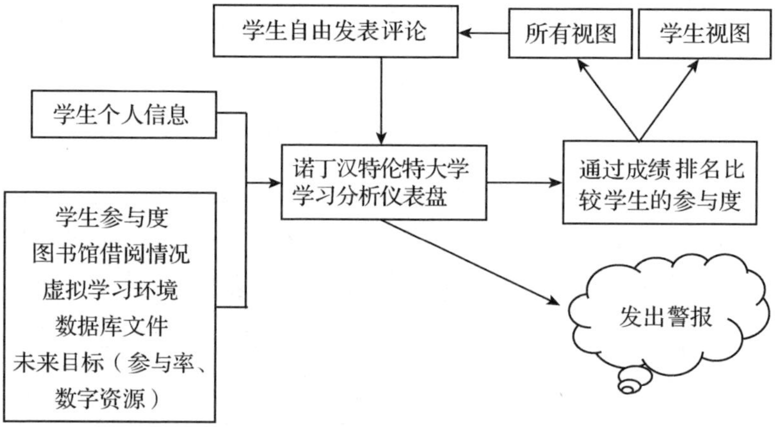

图5-1　预测分析系统

三、案例实施与推进

(一)实施背景

诺丁汉特伦特大学的校区分布在三个不同的地方，其中主校区占据了诺丁汉市中心的多个街区。因此，诺丁汉特伦特大学的师生经常往返于不同的地方，有时他们甚至要到位于城市边缘地带的宿舍去。该大学的办学理念是为毕业生提供就业能力，并利用大量的工作实习计划来实现这一目标。学生在参与工作实习的同时，仍然保持与教师和课程负责人的联系。诺丁汉特伦特大学教学技术经理大卫·杰克尔斯(David Jeckells)表示："目前，技术已不存在障碍。我们的移动技术可以实现我们想要实现的梦想。现在我们面临的挑战是如何改变用户的使用习惯，从而帮助他们更好地利用移动学习技术。"基于学校的客观地理条件和移动学习的办学理念，学校推出了学习预测分析技术，采用学习分析仪表盘记录学生的学习情况。

学习分析仪表盘作为大数据时代的一种新型学习支持工具应运而生，在提供差异化及个性化教学上扮演一个相当重要的角色，可以理解为“量化自我”“监测自我”或者“自我追踪”，即以学生与学习情境为对象，以教育活动和学习分析过程产生的海量交互数据(大数据)为基础，智慧地运用学习分析的潜在价值，对学习过程中的行为、习惯、情绪、兴趣等加以评估、收集、分析和报告，洞悉学生的表现及学习进展情况，及时呈现详细的学习反馈信息，以评估、预测学习活动，发现潜在问题，解决在线学习缺少“人性交互”的问题，成为打开学生学习过程“黑匣子”的钥匙，为教与学提供了有效的指引和激励，促进自我反思、自我行为监控和学情追踪，培养和发展学生的高阶思维能力，进而优化学习过程。

(二)实施方案

学习分析仪表盘最初测试了四门课程，统计了学生各学期的学习参与度，具体情况如图 5-2 所示。

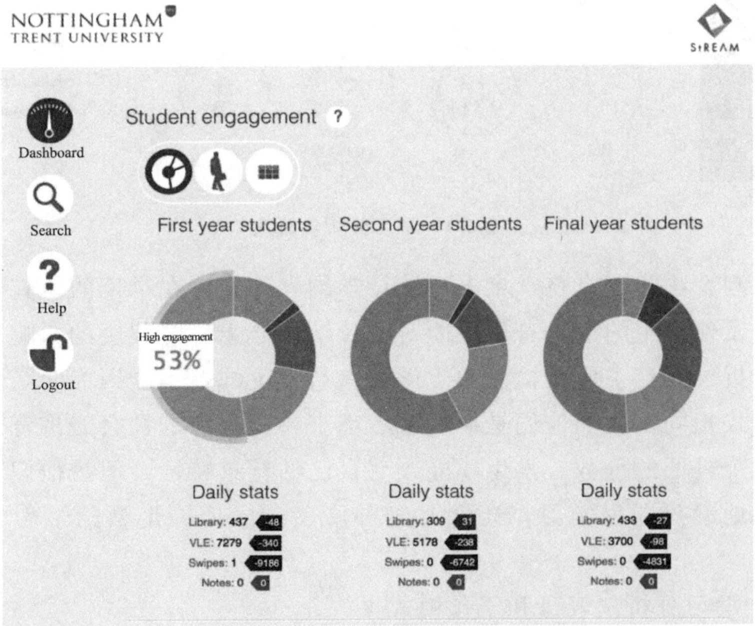

图 5-2　学生各学期的学习参与度

1. 数据来源和参与指标

数据来源于多个数据源并存放在诺丁汉特伦特大学的数据库中，如学生入学情况等履历资料来自学生信息系统。实际参与预测分析的数据来自四个独立的系统：虚拟学习环境(Virtual Learning Environment)、卡存取数据库(Card Access Database)、评估提交系统(Assessment Submission System)和图书馆系统(Library System)。教师使用的指标数据从学生进入图书馆的时候就开始生成了。访问虚拟学习环境、提交任务以及从图书馆获取图书馆资源的次数等根据算法得出，并将成为定义学生参与程度的最重要指标。最终所有学生都会收到五种评价参与度中的一种：好、较好、一般、较差和未参与。学习分析仪表盘的最终反馈结果如图 5-3 所示。

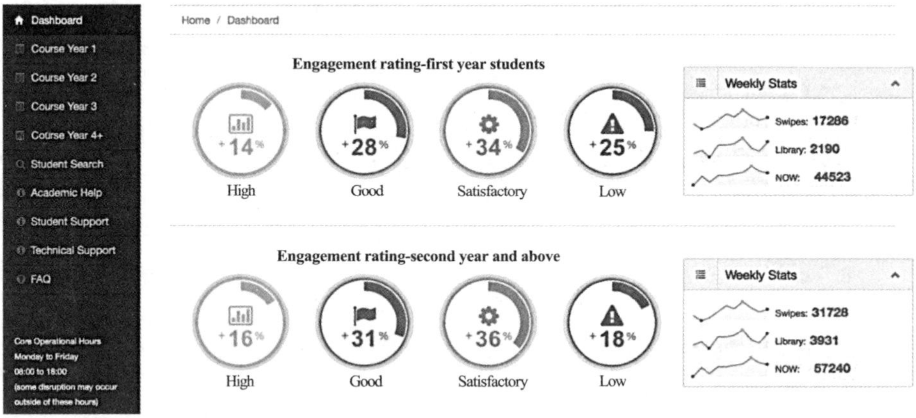

图 5-3　学习分析仪表盘

预测算法并没有将学生人口统计学纳入其中。在早期的研究中，开发人员发现学生的个人身份可能对统计结果产生一定程度的影响。但是学习分析仪表盘主要是检测学生学习参与程度的，不能因为两名学生的学习方式相同，比如他们是男性或者都来自较贫穷的社会经济背景，就预测一个较低的分数。学生不能改变自己的背景特征，但是他们可以尽可能多地参与课程学习，让学习分析仪表盘成为一个激励学生学习的工具。

2. 学习分析仪表盘和干预模式

学习分析仪表盘可以让学生看到他们与同龄人的参与程度的差异，

也可以帮助教师观察学生的学习表现。图 5-4 显示了学生课程的进度曲线。学生可以将自己的进度曲线与其他同学进行比较，同时教师可以利用该曲线更好地了解学生最近对该课程的参与程度。

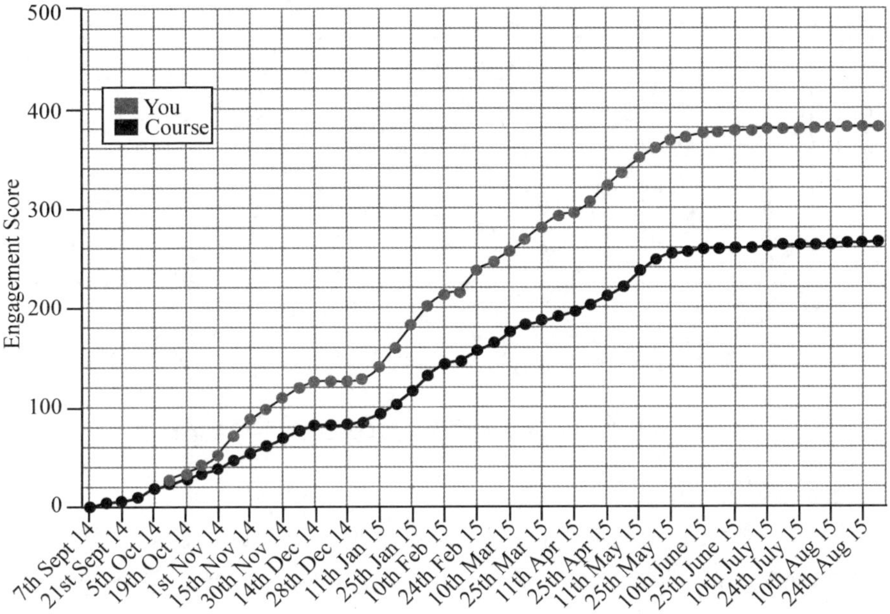

图 5-4　学生课程的进度曲线

当学生在两周内没有参与任何课程时，系统将会给教师自动发送电子提示邮件。学校将这些信息发送给学生的教师，而不是直接发送给学生，是为了增加教师和学生之间的对话机会，并帮助培养学生对课程学习的归属感。通过邮件反馈，教师可以直观清晰地了解学生的学习情况，并且邮件提醒还可以加强教师与学生之间的联系。目前，学校正致力于找到可以使用该技术改进对话的方法。例如，学校可能会开发系统从而为教师生成更多的个性化电子邮件，分析学生学习参与度降低的原因(可能是学生不会在某个特定日期使用图书馆，或者是学生数据的提交延时了)，从而避免将太多的邮件“滥发”给教师。学习分析仪表盘显示学生每周的课程参与度与班级的平均参与度，如图 5-5 所示。

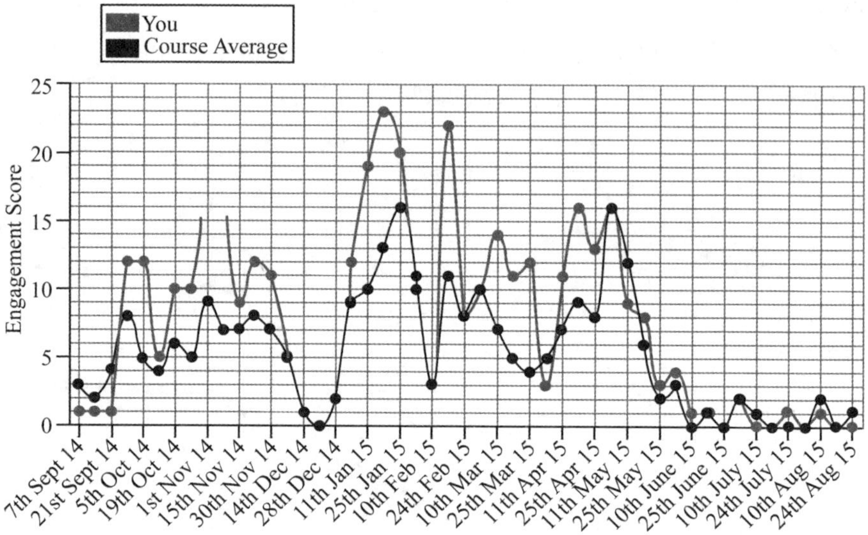

图 5-5　学生每周的课程参与度与班级的平均参与度的比较

(三)实施效果

学习分析仪表盘的实施效果分为对学生和对教师的影响。学习分析仪表盘对学生的影响是27%的学生报告说，他们根据学习分析仪表盘提供的数据改变了自己的行为。学习分析仪表盘对教师的影响是教师表示他们可以看到教学过程中自身行为的变化；在试点调查中，80%的教师认为学习分析仪表盘提供的数据改变了他们与学生的合作方式。

诺丁汉特伦特大学项目团队在研究中发现了两个重要的结果：首先，数据分析得出学生对所学知识的理解有所加深；其次，学习分析仪表盘对于建立教师与学生的关系非常有价值。根据2013—2014年试验的数据，诺丁汉特伦特大学项目团队确定了学生平均参与度与学生成就之间的积极关系。图5-6的数据分析表明，不足25%的学生从一年级到二年级的平均参与时间有所增加，而超过90%的有良好或高平均参与度的学生均积极参与学习。

学校还分析了最后一年学生平均参与度与学业成绩之间的关系，结果表明参与度和最终学位分类之间有很大关系：81%的平均参与度高的学生毕业时能获得一等荣誉学位，而只有42%的平均参与度低的学生达到了同等水平。

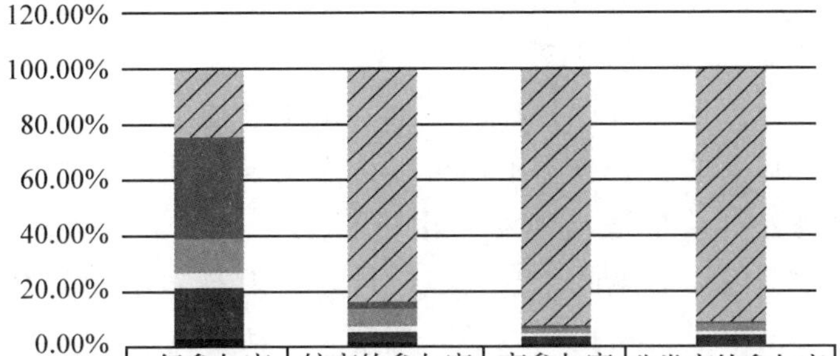

	低参与度	较高的参与度	高参与度	非常高的参与度
进步（5863）	24.20%	83.40%	92.5%	91.70%
失败（281）	36.50%	3.10%	0.80%	0.40%
重复（364）	12.40%	6.20%	2.00%	2.50%
转移（143）	5.30%	2.20%	1.10%	1.30%
离开（310）	18.50%	4.00%	2.80%	4.00%
其他（76）	3.10%	1.20%	0.70%	0.20%

图 5-6　2013—2014 年学生平均参与度与学生成就的关系

四、案例特点与创新

(一)案例特点

该预测分析系统主要包括学习内容分析、学习行为分析和学习预测分析三个模块。其中，学习内容分析主要从学生在虚拟学习环境平台、图书馆等系统中的参与度及其学习表现方面进行分析；学习行为分析主要基于学习模块对学习活动行为和学习结果行为进行分析；学习预测分析主要采用算法将预测的结果反馈到学习管理系统中。学校通过系统平台搜集学生数据并应用预测分析得出分析报告，之后为存在问题的学生建立预警档案并将相关信息发给教师，最后通过在线学习支持系统为学生进行学习干预。

1. 学生视角：促进学习

学生通过学习分析仪表盘可以直观地了解到应该对哪些模块多投入些精力，对哪些模块应该重点学习。学习分析仪表盘同时可以指导学生进行有效的巩固复习，把握重难点模块。学生根据学习分析仪表盘的反馈，可以有效地激发自身的学习动机。学生在学习的过程中会注意模型中的相关变量模块，将有限的时间、注意力投入重难点知识的学习，以便取得较好的课程成绩。

2. 教师视角：辅助教学

学习分析仪表盘让教师的教学真正建立在了对学生学习情况的精准把握这一基础之上。教师不仅可以直观地了解学生的学习情况，还可以根据预测分析结果适当地对学生进行学习干预。教师主导的个性化学习，即教师根据学生的个性特点设计课程内容，并对学生个人的学习过程和学习结果进行监控，以及时调整学习活动内容。学习分析仪表盘最大的作用就是预测。教师可以根据学生在学习中的表现预测学生最终的课程总分。对于在以上模块中表现不好的学生，教师可以进行及时的教学干预。同时，通过学习分析仪表盘的结果反馈，教师可以清楚地掌握本次课程学习中哪些模块的内容是重要的，并对相应的模块进行加工设计，同时在以上模块的设计中加入更多的学习支持服务工具。

(二)案例创新点

1. 强调以学生为中心，促进学生自主成长

学习分析仪表盘所呈现的学习行为信息能够帮助教师随时了解学生的行为表现，给予所有学生关注，尤其是班级中容易被忽视的学生，实现了一种基于数据证据的教学思维和“以学生为中心”的教学方式。学习分析仪表盘能够促进不同个体特征的学生参与课程，以量化的方式与学生进行对话，进而实施学习行为上的改进；能够帮助教师监控学习行为而非学业成绩，聚焦学生更为全面的健康成长；能够提升学生注意力，促进学生自主成长。

2. 加强师生互动，改善学习质量

学习分析仪表盘通过向教师反馈预测结果及日常分析数据，加强了教师与学生之间的互动。学习分析仪表盘使得学习行为数据可以被学生自己、他人观看，嵌入了元认知和自我监管支持，能够使学生进一步认识学习行为(学习时间、效率计划、学习计划、学习求助)，认知力(目标、自我认知、学习策略)，学习动机(对困难的感知、学习兴趣)及学习内容，利于提高学生的调控能力。学习分析仪表盘能实现个体学习行为和结果信息的可视化，让学生了解已学了哪些知识，熟练程度如何，还有哪些知识有待进一步学习以及最恰当的学习策略是什么，增强学生的内在学习动机，培养学生的自我价值观、知识价值观，推动学生学习能力的培养与发展，进而提高学习效率，改善学习质量。

五、案例经验与启示

在大数据时代背景下，大数据学习分析更加关注个人的学习发展，这与它倡导的“个性化学习”“因材施教”等理念不谋而合，符合教育的本真形态，具有广阔而深远的在线教育应用前景。学习分析是一个新兴的多学科交叉的领域，而教育领域是其最主要的应用场所。从某种意义上来说，学习分析仪表盘在教育机构中应用的成败，决定了学习分析的未来。学习分析要想在教育领域内实现可持续发展，至少需要在以下几个方面做出努力。

(一)战略与政策支持

学校的战略与政策对学习分析的应用实践具有正反两方面的重大影响。学习分析在教育领域内的持续应用，需要一种新的数据驱动的决策文化，还需要教育机构在对数据进行分析的过程中保持相应的透明度。另外，更为重要的是，教育机构的领导层要形成一种战略眼光，不能仅仅把学习分析视为一种干预教与学的技术手段，而应从教育机构整体性变革的高度出发，制定相应的战略与政策，强调并释放学习分析的战略价值，基于对教与学的数据分析，建立面向学科专业的学术分析、针对信息技术的信息服务分析以及整个学校层面的机构分析等一系列分析体系，最终把教育机构的课程教学、科学研究、社会服务、行政管理等所有业务活动都建立在对基础数据的精准把握之上。

(二)资金与资源投入

从全球范围来看，教育领域在利用信息技术上已落后于其他社会领域，这不令人感到奇怪，原因是教育机构在实践、技术和资金方面往往欠缺相应的能力来对数据进行有效的收集、管理和挖掘。要想实现学习分析在高等教育领域的可持续发展，在战略与政策确立之后，持续的资金与资源投入是基本条件。这主要包括两个方面：一方面是投入相应的资金与资源用于对学习分析的基础研究，尤其是要破解学习分析应用过程面临的一些瓶颈，如如何对教与学进行相应的业务分析，以确定究竟抽取和处理哪些数据，这需要通过长期的科学探索建立相应的业务智能模型；另一方面是学习分析的创新应用需要以相应的信息技术基础设施建设为前提，因为采集和分析的数据均来自这些信息技术基础设施与软件系统，这就需要投入充分的资金和资源。另外，在学校层面上建立整体数据框架，包括教与学数据集、学生数据集、研究数据集、课程数据集、管理数据集、部门数据集，并在不同数据集之间建立相应的操作协议，为学习分析奠定更为广泛的应用基础，也需要持续的资金与资源投入。

(三)人员配置与培训

为推进学习分析的创新应用，开展相应的人员培训，并为学习分析的实施配置相应的人力资源也非常关键和必要。在科学的层面上加强基础研究固然重要，但同时也要在实践的层面上加强相关人员的业务培训。首先，相关人员需要关注的是学习分析的专门技术人员的培训和配置问题。学习分析的利益相关者不仅要具有分享自己的业务数据的意愿，还必须具备有关学习分析的基础知识与基本技能，只有这样才能为学习分析的专业技术人员进行业务分析提供有力支撑，而这就需要这些利益相关者接受相应的业务培训。相关部门要加强对包括教师在内的所有利益相关者的培训，并为整个机构层面上学习分析的创新应用配置相应的人力资源。

第二节　澳大利亚信息素养评估项目

一、案例基本信息

信息素养是信息化社会中每个公民应该具备的基本素质，是信息化社会对人才提出的基本要求。澳大利亚启动了国家评估项目(National Assessment Program，NAP)，采用全新的理念和方式对学生的信息素养进行评估，助力中小学生信息素养的发展。本案例对澳大利亚信息素养评估项目进行了具体的介绍。表 5-2 概括了本案例的基本信息。

表 5-2　案例基本信息

案例名称	澳大利亚信息素养评估项目
实施地区	澳大利亚

续表

实施时间	2008 年至今
主要实施者	澳大利亚政府
实施对象	中小学生
相关网址	http：//www. nap. edu. au/(引用时间：2018-04-10)

二、案例概述

澳大利亚国家评估项目是澳大利亚政府于 2008 年启动的全国性评价项目，由联邦政府采用招标的方式委托澳大利亚教育研究所和澳大利亚考试中心等机构分别实施。澳大利亚国家评估项目主要包括读写与数学能力评估(NAPLAN)、信息素养评估(NAP-ICT)、科学素养(NAP-SL)和公民素养评估(NAP-CC)。其中读写与数学能力自 2008 年开始每年评估一次。信息素养、科学素养和公民素养从 2005 年开始每三年评估一次。科学素养的评估年度为 2005 年、2008 年、2011 年、2014 年，评估对象为澳大利亚六年级至十年级的学生。

澳大利亚国家评估项目在于通过评估帮助澳大利亚政府、教育部门和学校判断澳大利亚青少年在信息素养方面是否达到了预期的教育效果。澳大利亚国家评估项目通过对中小学生进行持续的跟踪评估，对澳大利亚各地的教育水平做出定期的、系统的评价。澳大利亚信息素养评估与传统测试的最大区别在于要求学生“在真实的情境下完成真实的任务”，强调在虚拟的情境中完成日常生活中可能会在校内校外产生的任务，在考查学生信息知识与技能的同时，也考查了学生的信息意识和信息思维，同时还涉及与人交流、社会责任等问题。

三、案例实施与推进

(一)实施背景

澳大利亚属于进行信息素养研究较早的国家之一。在美国发表《信息素养主席委员会总结报告》之后不久，澳大利亚联邦教育、科学与培训部发表了《高等教育机构图书馆的职能》的报告，对高等教育机构提出了应当开展信息素养教育的要求。澳大利亚与新西兰信息素养研究所在参考与借鉴《美国高等教育信息素养能力标准》的基础上，结合澳大利亚与新西兰地区高等教育的实际情况，颁布了《澳大利亚和新西兰国家信息素养评估框架》。

2000 年，澳大利亚在参与 PISA 之后，认为自身缺少对于小学教育阶段学生的科学素养的评测，于是参照 PISA 和自身的小学科学教育特点，开发出国家评估项目，试图获得各州、各个学校学生科学素养及其教育背景、科学课程的信息。2017 年 3 月 7 日，澳大利亚教育研究理事会指出具有数字和信息通信技术素养对于充分参与知识经济和信息社会越来越重要，国家和国际层面都在积极探索数字和信息通信技术素养测评的最佳方法。作为探索的一部分，世界教科文组织委托澳大利亚教育研究理事会评估制定全球适用的数字和信息通信技术测评方法的可能性，并将评估结果作为《2016 年全球教育监测报告》的背景文件发表。

(二)实施方案

1. 系统介绍

澳大利亚信息素养评估系统的设计要求能够模拟学生在“真实世界中”使用信息通信技术的情境，让学生展示真实的信息素养水平。评估系统是一个基于计算机进行操作的软件应用程序，可以与学生交互完成评估流程的各个步骤。评估系统主要有两种手段来保证“真实的情境性”。首先，所有的评估项目都是基于计算机的。学生在计算机上使用模拟的和真实的软件应用程序完成所有的任务，且评估使用的任务主题都是根据现实生活中的真实情境专门设计的，这些评估模型可能是校内的或者是校外的，但一定是跟学生的生活息息相关的，其载体是类似“电脑游戏”的软件应用程序。其次，每个主题的评估项目都是按照线性的叙事方式展开的，就像生活中真实事件的发生过程那样，所以学生不能够返回到之前已经完成的任务中去。整个线性事件的发展过程，包含了学生访问、收集、评估信息以及合成和重构信息等一系列环节，达到了信息素养各元素的评估要求。

2. 评估模型

整个评估系统包含七个不同的模型，且每个模型都拥有独立的主题，其中之一是通用技能测试。这个模型主要利用简单的软件技能展示和多项选择等评估项目来对学生的计算机知识和技巧进行考查。另外六个评估模型被称作混合评估模型，因为它们几乎集合了所有的评估项目类型，如表5-3所示。

表5-3　2011年澳大利亚“NAP-信息素养评估”混合评估模型①

模型	大任务
通用技能(2005，2008)	基本技能模型是根据一般性计算机技能设计的独立任务
户外野餐(2008)	学生帮助学校筹划一个户外野餐活动
朋友的电脑(2008)	学生帮助一个朋友管理计算机中的软件
节约用电(2011)	学生帮助全校师生增强节约用电的意识
创建维基百科(2011)	学生要更新一个当地的体育俱乐部的维基百科页面
语言保护(十年级)(2011)	学生参加当地的工程，帮助保护澳大利亚的本土语言
文艺表演(十年级)(2011)	学生作为学校艺术表演部门的管理人

通用技能测试：它主要考查学生基本的计算机及软件技能。这个模型没有大任务，只包含一些基本的计算机使用方面的问题。学生执行任务一般涉及日常生活中常用的应用软件，如文字处理和电子表格软件等。

混合评估模型：模型的基本结构包含了软件技能表现、多项选择和短的建构响应、大任务等项目，一般会涉及至少一个真实的软件应用程序。学生在混合评估模型中基本都会和软件应用程序交互式地一步步完成一个个任务。每个主题的评估模块一开始会要求学生去完成一些“先头任务”，包括管理文件、演示简单的软件应用功能、搜索信息、收集和核对信息、评价并分析信息和完成一些简单的信息重塑等。随后，每个评估模型都会包含至少一个大型任务需要学生去完成。学生完成大型任务后会得到一个信息化产品作为最后的成果。在完成大型任务时，学生需要挑选、吸收并且能够综合处理他们在完成“先头任务”时所收集的信息，并能够将这些信息进行重组以满足一些特定的交互式沟通情境，最终结合大型任务本身和自己的信息素养得出最终的结果。大型任务是学生信息素养水平最好的展示手段，一般会占用整个模型40%～50%

① 阮庆宇、柏毅：《澳大利亚“NAP-信息素养评估系统”》，载《中国信息技术教育》，2013(21)。

的时间。例如，在户外野餐这个模型中，学生要帮助学校策划一个户外野餐活动。他们需要使用博客网站和搜索引擎去确定野餐的地点并且选择一些户外工具，在选择时必须要满足学校所提出的要求，使用规定的模板软件制作这次野餐的邀请函，并且这个邀请函要附有用嵌入式画图软件制作的地图。

3. 评估流程

整个评估系统都是由软件应用程序自行进行管理和操作的，包括评估过程中模型的随机分配、允许的时间限额以及模型顺序等。评估管理人员主要协助并辅导学生去理解整个评估系统，并在评估过程中进行监督。评估进程由一系列评估管理口令来进行引导。具体的评估流程和时间如下：所有学生都要通过接受个别辅导来熟悉这个评估系统(10 分钟)；所有学生被随机分配两个沿用下来的评估模型(20 分钟)；所有学生被随机分配两个新开发的评估模型(20 分钟)；所有学生完成问卷调查(10 分钟)。

4. 评估项目类型及评分

在评估系统中，项目类型的设计可以从侧面反映评估设计的理念。澳大利亚信息素养评估系统，除了选择、问答等常规项目外，还设计了软件技能展示及需要综合信息素养才能完成的大型任务等。不同的项目类型代表不同的评估重点，分别侧重评估信息素养中不同的元素。评估系统共有五种不同类型的评估项目存在于每个评估模型之中，所占的比重也没有明确的限制和规定。这些任务中的部分任务可以由系统自动打分；部分任务系统会自动保存下来，评估结束后由受过训练的专业人员根据制定的评分标准进行打分。评分标准主要包括五个方面。

多项选择：评估学生的信息素养知识和理解力。学生的选择会被系统记录下来，然后由系统自动打分。短的建构响应：需要学生使用一个或两个简单的句子进行回答，考查的是学生的信息素养知识和理解力。评估系统会对其进行自动辨别并保存，随后由专业的计分人员根据网上评分系统标准来进行评分。简单的软件技能展示：评估学生完成简单的软件和系统管理任务的技能，如使用 Word、PowerPoint 等的技能，随后系统会自动进行打分。复杂的软件技能展示：展示复杂的多级任务，运用真实的单个软件应用程序生产信息产品，评估的是学生完成复杂的软件任务的能力，随后系统会自动打分。大型任务：结合信息素养的知识和理解力并充分发挥信息思维，考虑到技术和社会等因素，能够使用一系列软件去创造信息产品。大型任务一般会产出信息化产品，如一段视频剪辑。这些信息化产品会被系统自动保存，随后由专业人员根据评分标准进行评分。

（三）实施效果

澳大利亚自2005年启动信息通信技术（ICT）素养评估项目以来，发布了三次评估报告，分别是2006年澳大利亚教育系统官方委员会发布的"学习信息通信技术"（Learning for Information and Communication Technology）报告，第二个是2012年发布的"信息通信技术能力"（Information and Communication Technology Capability）报告，第三个是2014年发布的"信息通信技术素养评估框架进程"（Information and Communication Technology Literacy Assessment Framework Processes）报告。这三次信息素养评估过程中学生的变化和发展可以从两个方面来总结。[①] 一方面表现在学生平均分数的提高上，三次评估结果显示，六年级和十年级学生在评估中的平均分数均有一定程度的提高。其中，六年级学生的平均分数增长得稳定而又快速；十年级学生的平均分数也有所提高，但幅度较小。另一方面的变化是达到"熟练标准"的学生的比例的增加。其中，六年级学生达到"熟练标准"的比例有十分显著的变化；十年级学生的比例变化得则不那么明显，但依旧有所增加。信息素养的评估报告一方面可以清楚展现学生信息素养的水平，另一方面也成为比较学生信息素养变化发展的依据。

四、案例特点与创新

（一）注重学生解决问题能力的培养

澳大利亚信息素养评估系统的设计基于真实情境，强调了学生从现实世界中发现问题，进而识别科学问题的能力。提出科学问题是科学探索的第一步，是发现科学、不断创新的第一步，所以国际科学素养评测项目对它的重视是符合现在科学人才的培养趋势的。评估要求系统能够

---

① "National Assessment Program—ICT Literacy," http：//www.nap.edu.au/_resources/D15_8761_NAP-ICT_2014_Public_Report_Final.pdf，2017-11-27.

模拟学生在“真实世界中”使用信息通信技术、展示信息素养水平的过程。评估应依据不同主体信息能力的实际和特征，设计与之相对应的评估标准和实践项目，并且重视开展信息素养教育，加强信息素养课程体系建设，完善和创新新生培训、专题讲座的形式和内容；不断进行信息素养课程体系改革，促进信息素养的内涵和外延不断扩大；将媒体素养、阅读素养、数据素养不断渗入课程体系，努力培养具有数据素养和解决问题能力的学生；强调学生具有“评价”和“讨论”科学话题的能力，关注学生不轻信、不盲从的科学态度，从科学实践评测角度还原真实的科学探究情境，评测出学生在真实情境下交流和合作的能力。

(二)注重学生科学实践能力的评测

澳大利亚国家评估项目把科学实践能力分为三个层级，这三个层级不完全独立，各有侧重点。第一个层级指的是确定科学问题，提出科学假设，设计科学探究方案并收集相关证据。学生能够针对科学探究方案提出问题或者假设，识别问题中存在的科学原理；确定探究过程中的自变量，控制除了自变量以外的影响实验结果的变量；通过测量和观察收集证据；通过信息通信技术，使用文字描述、画图、列表的形式记录数据。第二个层级指的是解释现象和数据，得出结论，批判性地对待已有证据和科学发现，交流结果。学生能够确定并解释科学数据中各个变量间的关系；基于证据、问题和假设得出结论；不轻信已有证据和他人的科学发现；使用科学术语和信息通信技术交流发现的成果。第三个层级指的是使用科学知识来描述或者解释自然现象，理解科学现象的相关报告，能够做出科学决策。学生能够理解、描述和解释自然现象；理解和解释各种来源(如电视机、报纸、杂志和谈话)的科学报告；考虑自然、社会、经济方面的成本与收益，能对与自己生活相关的科学问题进行决策。

(三)注重学生科学探究能力的评测

在国际科学人才的需求和培养中，我们可以看到科学人才创新能力和实践能力的重要性。澳大利亚国家评估项目注重培养学生应对未来的科技能力，关注学生的科学实践能力，特别是科学探究能力。澳大利亚国家评估项目的科学探究维度受 PISA 的影响较大，提供大量的评测背景信息让学生进行筛选和判断，同时兼顾科学课程知识的应用和推理。澳大利亚国家评估项目中的科学探究分为五个步骤：一是提出问题，在对自然现象的观察中发现问题，形成可验证的科学假设；二是实验设计，设计可以控制、操作的实验来收集证据，将科学概念和可观察、可测量的实验联系起来，形成测量的具体步骤；三是数据分析，根据变量的类型描述或验证数据的模式，探索数据之间的关系；四是得出结论，使用观察结果和调查证据回答问题；五是讨论，和他人一起使用科学知识、调查结果来支持结论的逻辑，并将结论运用到新情境中。澳大利亚国家评估项目可以结合学生的表现从“提出问题—实验设计—数据分析—得出结论—讨论”这个过程中的任一阶段开始，让学生自主完成实验，对学生的科学探究能力进行评测。

五、案例经验与启示

从评估形式上看，信息素养具有多样性，主要表现在两个方面。一方面，信息素养既包括可教、可学的外显部分，又包括无形、可感知的内隐部分。前者宜采用定量的终结性评估方式，而后者则宜采用定性的形成性评估方式。另一方面，信息技术的革新使得信息素养教育内容在新的数字环境下呈现出多种表现形式，包括文献检索、Web 2.0、大数据、慕课、信息共享空间等。无论是针对信息素养的不同组成部分，还是针对其不同的表现形式，灵活多元的评估路径都能够更加真实地反映学生在不同方面的表现。我国高等教育评价指标体系的单一性与学生素养的多层面性之间的矛盾日益突出，因此，我国可以借鉴澳大利亚国家评估项目灵活多样的评估经验，针对中小学、高等职业院校、特殊教育学校等不同类型学校的学生实行分类评估，按照学校层次、专业层次、能力层次使用不同的评价标准，使不同区域和不同地区实现定量评估和定性评估的结合。

在评估内容上，从 1974 年信息素养概念的首次提出，到 2000 年《美国高等教育信息素养能力标准》的颁布，再到 2015 年《美国高等教育信息素养框架》的形成，信息素养与高等教育的融合渗透不断创造出新的成果。而每一次信息素养的含义、内容、标准、框架的变迁都必将会对信息素养评估工作产生深远的影响。当信息素养的含义拓展到数字素养、跨媒体素养、媒体素养的多重内容时，其评估工作势必也将加入对数字素养、跨媒体素养、媒体素养的思考；当信息素养框架涉及阈概念、元素养概念时，其评估设计理念也势必会融入这些创新观念。因此，根据时代发展的需求，有针对性地改变原有的评估内容和框架，有利于保证评估的实时性，进而通过评估引领学生信息素养的培养方向。

第三节　大数据自适应学习分析 Knewton 平台

一、案例基本信息

本案例展示了大数据自适应学习分析 Knewton 平台与亚利桑那州立大学以及东卡罗来纳州立大学合作开展的技术支持的自适应平台的使用成果。表 5-4 概括了本案例的基本信息。

表 5-4　案例基本信息

案例名称	大数据自适应学习分析 Knewton 平台
实施地区	亚利桑那州立大学、东卡罗来纳州立大学
实施时间	2011 年 1 月至今
主要实施者	亚利桑那州立大学、东卡罗来纳州立大学
实施对象	亚利桑那州立大学和东卡罗来纳州立大学的学生
相关网址	https：//www. knewton. com/(引用时间：2018-04-10)

二、案例概述

个性化学习系统在高等教育方面的应用与发展相对缓慢，但随着发行商和教育科技公司展开合作，其发展也愈加迅速。2010 年，Knewton 公司开始与大型高校合作扩展经企管理研究生入学考试(Graduate Management Admission Test，GMAT)的预产品，形成了自适应的数学补救教育课程。其中，2011 年，Knewton 公司与 Pearson 公司合作开发的大型个性化学习平台 Knewton 最受瞩目。

Knewton 是一个提供自适应教育平台的公司，主要为使用者提供“成熟、实时的学生数据分析”。Knewton 平台对每个知识点进行细分，对学生的数据进行单独分析，让使用者可以得到独一无二的学习帮助。它通过在学习中不断收集和监测学生的学习数据，为学生提供下一步恰当的学习内容和活动。当学生在学习中遇到困难时，课程的难度会自动降低。教师可以使用 Knewton 平台的实时预测技术来监测每一名学生的知识空白，进而及时调整，为学生提供个性化教学。Knewton 平台的适应性学习系统在基础教育、高等教育、语言教学、企业培训以及其他诸多领域得到了广泛应用。全球诸多学校和商业机构，比如微软、培生集团等，都在使用 Knewton 平台的技术来改善学习效果。截至 2018 年年初，已有超过 1400 万名学生在使用 Knewton 平台，包括 K-12 学校学生和高等院校学生，并且有 280 亿个用户对平台发表了评论并提出了建议。Knewton 平台对学生考试通过率的提高、辍学率的降低、学业效率的提高都做出了显著贡献。

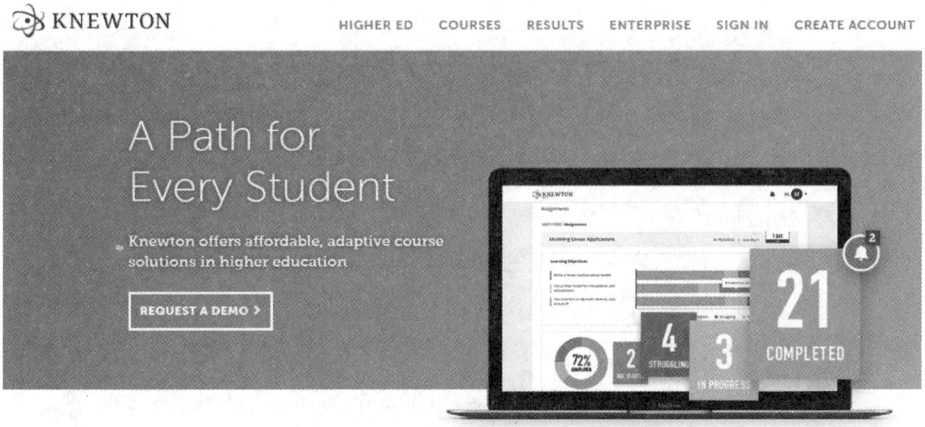

图 5-7 Knewton 平台网页界面

三、案例实施与推进

(一)实施背景

随着大数据理念不断深入人心，教育大数据呈现“爆炸式”增长之势。教育大数据产生于各种教育活动。与传统教育数据相比，教育大数据的采集具有更强的实时性、连贯性、全面性和自然性，其分析处理和应用服务也更加多元化、智能化、个性化。学生和教师是教育领域的两大核心主体。教育大数据通过用数据说话使个体真正认识自己，将真正推动教学和学习的个性化。在教育大数据的支持下，教师可以关注到每个个体的学习行为和学习轨迹，预测学习结果，诊断学习需求和问题，从而基于数据因材施教；学生可以了解到自己的偏好、知识缺陷、能力缺陷、发展目标等，并能够获取适合自己的学习资源和学习指导服务。

Knewton 平台集数据科学、统计学、心理测量、内容绘图和机器学习于一身，旨在最大限度地实现个性化教学。Knewton 平台的适配学习技术可以对学生进行单独分析，为学生提供独特的学习帮助。学校和出版商可以通过 Knewton 平台为学生提供自适应的学习材料。2011 年，Knewton 平台与培生集团建立了合作伙伴关系，并为培生集团提供数字化教育服务。Knewton 平台的长期目标是为发行商、学校及全球的学生提供预测性分析及个性化推荐服务。2011 年 1 月，亚利桑那州立大学开始使用由 Knewton 平台提供的个性化学习体验课程。

(二)实施方案

Knewton 平台个性化学习系统的实现方式与很多个性化学习系统类似，但它拥有独特的基础结构。它一共由三个基础结构构成。第一部分是数据基础结构。其中，自适应本体将个体和概念进行关系映射，对个体的学习目标、学习兴趣进行整合分类；模型计算引擎则用于处理及计算实时数据流，为之后数据的使用做准备。第二部分是推断基础结构。其中，心理测量引擎用于评估学生能力、内容参数等；学习策略引擎用于评估学生对教学、评价等变化的敏感度；反馈引擎可以使数据统一化，并将结果反馈给自适应本体。第三部分是个性化基础结构。其中，推荐引擎提供学生接下来需要做什么、平衡目标、学生的优缺点、学生的参与水平等信息；预测分析引擎用于预测学生的测量指标，如达到学习目标的可能性、期望分数等。统一的学习历史使学生能够将不同的学习应用程序、主题范围和时间节点的学习经验联系起来，使学生能在任何一个 Knewton 平台支持的应用中轻松地学习。

Knewton 平台可以将大量的数据转化到认知交互模型以及评估者、排序者的数据框架中，这有利于教学管理人员及出版者对教学内容进行分析、调整和改善。Knewton 平台还提供了一个关于全班学生学习数学过程的仪表盘，帮助教师理解学生在整个班级中的学习模式并且将学习相同材料的学生分到一组，同时安排同伴评审并使学生形成互补的学习小组。Knewton 平台还可以通过及时的反馈帮助学生尽快自我修正，从而增强学生的信心，减少学生的不安和挫败感。除此之外，Knewton 平台还充分利用了大数据的优势。随着使用 Knewton 平台的学生越来越多，学习对象或测验与知识属性之间的关系就会越简单，所以通过系统给学生传送的推荐信息就会越精准。当一名学生学习特定概念的时候，系统会找到之前已经学习过这一概念的和他相似的学生，并将之前已经证明有效的学习路径告知即将开始学习的学生。这样一来，当学生遇到一个特殊的问题时，他不会受制于周围没有和他有相同经历的同伴这一事实。Knewton 平台能将大量其他学生的综合数据用于帮助每个人学习每个特定的概念。

案例：亚利桑那州立大学

亚利桑那州立大学尝试使用传统模式和 Knewton 平台"适应性学习"结合的混合教学。Knewton 平台支持教师、家长及学生创建自适应课程。每门课程都由创建者自由选择的若干任务组件构成，且每个任务组件包含一定数量的题目，并以上述方式为学生提供不同的学习路径。为自适应课程选择任务组件有两种方式。第一种是接受推荐。Knewton 平台基于知识图谱和用户的教学行为数据，向用户推荐他们可能感兴趣的任务组件，而用户可将这些任务组件加入他们创建的个性化课程。第二种是根据目录树选择任务组件。Knewton 平台内置了大量的任务组件，以学科—年级—主题—子主题等任务多维关键词表征，使用户可以通过多维搜索的方式主动选择任务组件以创设个性化课程。

课程创建完成后，用户可通过站内信和邮件的形式邀请学生加入、激活课程并参与学习。同时，用户还需要填写课程名称和课程详细介绍、K-12 课程大纲和任务完成时间，以便于其他用户查找和使用课程。Knewton 平台将跟踪这门课程所有学生的学习动态，向用户报告学生的基本信息和总体任务的完成情况，包括学习进度、学习困难、任务完成情况等信息。一方面方便教师和家长掌握学生动态；另一方面也利于用户进一步组建个性化课程，直到学生在 Knewton 平台完成所有的课程。

案例：东卡罗来纳州立大学

2011 年，Knewton 平台与培生教育集团达成合作伙伴关系，为培生教育集团提供数字化教育服务。培生教育集团的 MyLab Math 产品使用了 Knewton 引擎，其 Study Plan 模块即为学习路径生成模块，不仅展现了 Knewton 平台中的知识图谱，而且用不同颜色对概念进行了标注。例如，绿色表示已经掌握的概念，红色表示未掌握的概念，蓝色表示当前推荐的概念，白色表示还没有接触过的概念。

2012 年，东卡罗来纳州立大学开始使用 MyLab Math 来教授大学代数这门课程，该课程每年教授的学生约 3000 名。在课程设计中，学校要求所有教师先使用 MyLab Math 一年。教师用相同的课程大纲、课堂笔记、作业和 MyLab Math。所有的家庭作业和测验都在网上完成，且教师都在课堂上做自己的测验。2011 年秋季，许多班级有 100～120 名学生。2012 年秋季，东卡罗来纳州立大学推出了大学代数虚拟环境，在数学实验室配备了 120 台电脑。实验室的开放时间为星期一到星期四的早上 9 点到晚上 9 点，星期五的早上 9 点到下午 5 点。在重新设计的教学模式中，学生每周至少需要花 1 小时与教师共同学习，并被要求每周花 3 小时在工作的实验室中完成 MyLab Math 作业、测验和考试。他们还可以利用在实验室的时间接受一对一教学。除了本科生导师、研究生和一些志愿者外，实验室里至少人有一位教师，在高峰时段要有更多的教师。

(三)实施效果

亚利桑那州立大学的上千名理工科和商科的学生通过教育出版商培生教育集团与自适应学习方案提供商 Knewton 合作提供的教育服务，开始使用 Knewton 动力的发展数学课程。自适应服务能够检测学生学习的成功与失败，并据此对学生进行具有针对性的指导；通过收集的数据描述学生花费在每类在线资源(如视频和文本)上的时间，揭示其与学生考试表现、作业成绩的关系。在得出学生的行为模式后，MyLab 为每一名学生推荐个性化学习内容，以拓展学生的学科知识。结果表明，学生通过率提高了 17%，退学率下降了 56%，且 45%的学生提前 4 周完成了学习任务。

在东卡罗来纳州立大学，通过比较 2007—2011 年学生未使用 MyLab Math 情况下的平均成绩和 2012—2013 年学生使用 MyLab Math 情况下的平均成绩发现，学生春季的成绩为 A、B、C 的比率从 53%上升到了 71%，表明具有学习路径规划功能的教学软件能使学生的成绩显著提高。

Knewton平台不仅在与高等院校合作方面取得了一定的成效，而且在K-12学校也取得了显著的效果。在高等院校，例如，东北伊利诺伊大学学生的成绩提高了13%；阿拉巴马州立大学学生的数学通过率提高到了87%；内华达大学学生的数学辍学率降低了47%。在K-12学校，七、八年级的学生成绩显著提高了。其中，七年级学生提高了124%，八年级学生提高了93%。此外，71%的学生更加喜欢学习英语了，83%的学生增强了学习动机。

四、案例特点与创新

(一)案例特点

1. 完善的平台系统设计流程

Knewton平台自适应学习系统包含六大模块，即内容传送模块、预测模块、可视化显示模块、自适应模块、干预模块和学生数据库，形成了一个较完善的平台系统流程。第一步，学生学习行为数据生成后，经过内容传送模块，将被标记上时间戳；第二步，数据按照预先定义的参数结构存入学生数据库；第三步，预测模块从学生数据库和学生信息系统中采集相关数据，根据不同的分析目的，调用不同的分析工具和数学模型对数据进行分析；第四步，自适应模块根据预测模块中数据挖掘和分析的结果，通过内容传送模块为学生提供合适的学习指导和学习策略；第五步，预测模块中数据挖掘和分析的结果同时被传递给自适应显示模块，供教师和教学管理者使用；第六步，教师和教学管理者根据分析结果，通过干预模块对系统进行人为干预。

2. 严谨的设计理论

Knewton平台基于项目反应理论，将学生对测试项目的反应(应答)通过表示测试项目特性的参数和被测试学生能力的能力参数及其组合的统计概率模型来表示，其中表示项目特性的参数主要有难度系数和区分度。传统的项目反应理论一般针对问题、项目来设计相关参数，其运用过程通常存在两大误区：一是认为学生的能力是个常量，二是倾向于用一个参数来表示学生的能力。考虑到能力的发展变化以及多种能力之间的相互关系，Knewton平台对传统的项目反应理论进行了扩展，并从问题层级的表现来对学生的能力进行建模——认为学生的能力参数会随时间变化；同时，对学生能力的表征不再局限于某个唯一的参数，而是通过利用聚焦概念层面的知识图谱来对学生能力进行评估和表征。

(二)案例创新点

1. 提供个性化的学习服务

Knewton 平台为每一名学生提供他们需要的内容以及个性化的、具有适应性的体验，帮助他们发挥全部潜力，即为学生做出个性化的学习进度安排。Knewton 平台对概念层面的专业化数据，如知识概念掌握程度、学习投入程度、学习效率、优势劣势、活跃时间、预测分数等进行采集处理，并建立了专业化数据与学习过程数据之间的关联映射。专业化的数据模型不仅能评估学生做了什么，还能在概念层面分析学生掌握了什么以及学生的学习就绪状态、认知投入、学习偏好、学习风格、学习策略等，并向学生呈现为下一步学习或评估所应该做的准备以及能力随时间变化的可视化图示。具体来说，Knewton 平台的这种持续自适应主要体现在空间强化(Spaced Reinforcement)、记忆力和学习曲线(Retention and Learning Curves)以及学生学习档案(Student Learning Profile)等方面。基于教育路径规划技术和学生能力模型，Knewton 平台构建了自适应学习的基础框架，以最大限度地实现个性化。

2. 创建自适应的学习课程

2011 年，亚利桑那州立大学尝试使用传统模式和 Knewton 平台“适应性学习”结合的混合教学。Knewton 平台最大的优势在于它具有强大的实时推荐引擎，通过数据收集、拼接、分析和推荐来进行个性化教学，优化学生的学习效果。Knewton 平台连续适应学习系统不断地挖掘学生的表现数据，对于学生在系统中的活动进行实时分析和反馈，为学生提供与之水平相适合的课程。在此过程中，学生能够获得持续更新的学习概况，将他们最近学习的概念与技巧及其在使用过程中的学习轨迹纳入考虑范围，利用这些信息达到最优化的学习状态。

学生使用 Knewton 平台的时间越多，平台运转效率就越高。因为学生的学习活动会增强注意力、关注度和强度，这些高强度的努力产生了数据量巨大的有意义的数据。一旦有了足够的数据，这个平台就会总结出学生的学习模式，包括可能存在的学习盲点、学习优势与喜好、强度和缺点等。比如，如果学生在学习代数课程时产生了问题，系统就会不断降低测试难度，直到找到用户可以掌握的知识水平。反过来，如果学生水平很高，Knewton 平台就会不断增加难度，直到用户遇到足够大的困难。

3. 支持多方位的数据服务

Knewton API 接口（应用程序编程接口）是连接应用场景与合作平台的桥梁，以云服务的方式被第三方企业调用，以图式化方式进行内容的信息更新，并结合实际需求对图谱进行基于历史版本的改造。Knewton API 接口能为合作企业提供三个层面的服务。第一，在学习历史记录层面，Knewton API 接口采集了学生在历史学习过程中所表现出的一系列学习偏好和差距，可帮助学生保持在新课程中的积极性。学习历史记录档案包括学生所知道的内容、知识掌握的水平、学得最好的课程、如何学得最好的推荐信息，并能持续进行更新。第二，在学习交互数据分析层面，Knewton API 接口能将海量数据转变为认知交互模型、估计向量、数据框架和可人为操控的视图，并向教师、家长、管理者和学生提供深层次的教学和内容分析报告，包括熟练程度、状态预测、分数预测、活跃时间。基于这些指标，教师可以在更加准确知晓学生缺点的前提下指导学生，比较课程数据，按学期、按年度进行课程的改进和完善。内容分析可以帮助教师、出版者和管理者确定教学材料中最丰富和最薄弱的部分、需精细讲授和评估的部分，保证内容的持续更新，确保学生不会使用过时的教材。第三，在个性化推荐层面，Knewton API 接口通过综合考虑内容要素、学生要素和目标要素来决定下一步所应学习的内容。其中，内容要素包括模块关系、教育意义、评估价值、问题难度、持续时间和学习投入程度；学生要素包括概念熟悉程度、评估需求、复习需求、学习步调和材料重复接受度；目标要素则包括目标模块、目标分数、达标日期、可推荐模块。

五、案例经验与启示

Knewton 平台开创了教育大数据个性化服务设计和应用的先河，它通过采集学生的在线学习数据，可以精准分析和预测学生的优势、不足、学习兴趣、认知水平。Knewton 平台正在与合作企业在学习内容提供、学习过程管理、学习产品分发以及市场推广应用等方面开展深入合作，颇具规模的在线教育生态系统已现雏形。Knewton 平台目前所提供的自适应功能在很大程度上满足了学生、教师、家长以及学校管理者的需求，为学习、评估和管理带来了极大便利。随着数字化校园、人人通等信息化工程的推进，越来越多的教师教学行为和学生学习行为能够被数字化并记录下来，同时海量的数据汇集成教育大数据，为教学决策、过程优化、效果提升提供重要依据。

随着学习分析技术、大数据等相关领域的发展，目前国内外出现了面向教育市场的较为成熟的自适应学习平台，为自适应学习系统的研究提供了其他的角度。因此，我国应充分抓住研究机遇，让研究更好地促进自适应学习平台的发展。我们应该清晰地认识到，自适应学习平台及其相关技术，一定意义上是智慧学习环境的基础设施，只有掌握了其核心技术和关键理念才能被称为自适应。在研究层面，我们要特别重视自适应学习平台的多维度研究，要在成熟研究的基础上去伪存真，特别要避免“一哄而上”的自适应平台工程建设，这样才能营造自适应学习平台的良性发展环境。我国自适应学习平台尚处于启蒙阶段，因此，我们迫切需要整合现有资源，发挥后进优势，实现教育大数据研究和教育应用的跨越式发展。借助大数据，我们将更好地读懂千差万别的学生，有机会了解每一名学生的真实学习情况，为每一名学生提供优质、个性化的教育资源，不断实现教育公平。

第四节　肯特州立大学信息素养评估

一、案例基本信息

美国肯特州立大学针对大学生设计了信息素养能力标准评估(Standardized Assessment of Information Literacy Skills，SAILS)，针对中小学生设计了信息素养能力实时测评量表(Tool for Real-time Assessment of Information Literacy Skills，TRAILS)。本案例具体介绍了上述评估指标及主要内容。表 5-5 概括了本案例的基本信息。

表 5-5 案例基本信息

案例名称	肯特州立大学信息素养评估
实施地区	美国
实施时间	2006 年至今
主要实施者	图书馆和信息素养教育协会
实施对象	学生
相关网址	https：//www. projectsails. org/；http：//www. trails－9. org/(引用时间：2018-04-10)

二、案例概述

信息素养正被越来越多的国际组织和经济体认定为 21 世纪公民的核心素养。利用信息技术探索新的教学模式，提高学生评价、管理和使用信息的能力已成为各国教育改革的重要目标之一。肯特州立大学针对大学生和中小学生设计的 SAILS 和 TRAILS，已经形成了严谨的测评框架、完善的评估指标、合理的评估程序和科学的测评题目。SAILS 和 TRAILS 通过指标评价，将预先设定的大、中、小学生的信息教学目标分解为若干指标，构成系统的指标体系，逐项收集有关原始数据，经过整理和分析，形成评估结果。

肯特州立大学的 SAILS 项目是针对高校学生信息素养能力的客观测试，其目的是准确评价高校学生的信息素养水平，以帮助教师和管理者了解学生的信息素养情况、信息素养和学生成才之间的关系，以及教师在信息素养教育方面应发挥的作用。SAILS 项目由美国多家机构资助，并有美国和加拿大的 82 所高校共计 42000 名学生参与研制过程。现在，SAILS 项目已经被美国图书馆研究协会认可，作为测量高校学生信息素养的评价工具在全国范围内使用。TRAILS 项目适用于中小学生测评，以肯特州立大学和美国图书馆协会于 1998 年颁布的《学生学习的信息素养标准》为蓝本，结合 K-12 的信息学科能力标准开发而成。TRAILS 项目由美国教育部下设的图书馆和信息素养教育协会资助。2004 年，肯特州立大学完成 TRAILS 项目并进行试测，并于 2006 年春季正式公布。作为在线网络测评，TRAILS 要求测试机构登记注册账号，有序组织学生开展测评。[①]

三、案例实施与推进

(一)实施背景

1974 年，在美国图书馆协会举办的信息素养主席团会议上，信息素养的概念被首次提出——信息素养是人们利用信息解决问题的技术与技能。在资讯全球化背景下，信息素养成为 21 世纪人类生存和发展的基本技能之一，信息素养教育正引起国际范围内的广泛重视，信息素养评估也逐步被纳入高等教育目标与评价体系范畴，成为评价大学生素质的一项核心指标。

1989 年，美国图书馆协会下属机构信息素养委员会在总结报告中首次明确指出信息素养的五大构成要素：①具备信息素养的人能够确认何时产生信息需求；②具备信息素养的人能够确认通过何种信息来解决特定问题或达到特定目的；③具备信息素养的人能够利用一定的信息技术获取所需信息，并评价所获信息；④具备信息素养的人能够组织和管理信息；⑤具备信息素养的人能够有效地利用信息解决问题或达到特定目的。总结报告希望通过对信息素养构成要素的描述，较为全面地定义信息素养，但客观上也阐述了信息素养评估的 5 项宏观指标。[②]

2000 年，美国大学和研究型图书馆协会通过并颁布了《美国高等教育信息素养能力标准》。标准涵盖的信息素养及其评估章节和标准、表现指标及成果章节具有高校信息素养评估史上里程碑式的意义：信息素养评估首次被明确提出，并以准则形式确立了其对信息素养教育的考核和指导意义；该标准在总结报告评估要素的基础上加入了信息道德和信息创新相关标准；标准阐述的 5 个一级指标、22 个二级指标和 86 个三级指标，标志着高校信息素养评估体系的初步完成。经过 20 世纪 80 年代到 90 年代的理论完善阶段和 21 世纪初的实证发展阶段，较为完善的信息素养评估体系已经形成。

---

① 辜同清、杜平：《美国信息素养标准化评价项目及启示》，载《现代远距离教育》，2010(4)。

② 肖燕秋：《国外信息素养评估实践研究及启示》，载《农业图书情报学刊》，2014(8)。

(二)实施方案

1. 大学生信息素养能力标准评估(SAILS)

获取测试账号：在项目网站生成账号，填写测试机构的相关信息，提交注册申请。SAILS通过邮件发送确认信息和登录密码，如图5-8所示。生成和管理测试机构：登录密码注册后，点击“我的账号”，选择“生成和管理机构”，系统生成随机学生代码。组织测试和评价：选择测试年级和类型，填写学生代码，记录和管理测评成绩。获取测试数据和报告：点击“报告”按钮，系统自动生成测试班级、学生的成绩数据，同时提供实时测试成绩与答案。输出测试数据：点击“学生报告”按钮，系统输出学生的测试代码、成绩分布、参考答案。

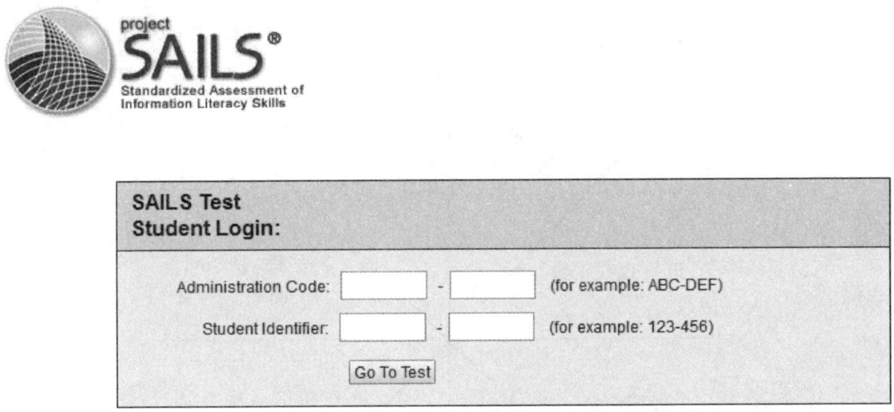

图5-8 登录界面

SAILS用于大学生测评，并参考了美国大学和研究型图书馆协会发布的《美国高等教育信息素养能力标准》，经过重新整合，形成了8个测试主题、162个评估项目。SAILS项目的评价指标全部依照美国大学和研究型图书馆协会制定的《美国高等教育信息素养能力标准》。项目组根据上述标准下的表现指标和成果指标编制了信息素养测试问题。

表5-6 美国高等教育信息素养能力标准

美国高等教育信息素养能力标准	题目数(个)
标准1：确定所需信息的性质和程度	39
标准2：高效地询问所需信息	75

续表

美国高等教育信息素养能力标准	题目数(个)
标准 3：批判性地评估信息及其来源，并将选定的信息纳入他或她的知识库和价值系统	21
标准 4：未使用	0
标准 5：了解信息利用过程中的经济、法律和社会问题，在信息获取和利用时遵守道德规范和有关法律	27

试题库中的测试问题经过了三轮试测：单个的学生测试，小规模的学生团体测试以及大规模的实地试测。每一轮试测中出现问题的测试题目经过改写后重新进入试测。只有通过三轮试测合格的问题才能进入最终的试题库。目前 SAILS 试题库有 200 多道难度不一的测试题和几十个进入实地试测的题目，覆盖数字素养 8 项技能，如图 5-9 所示。

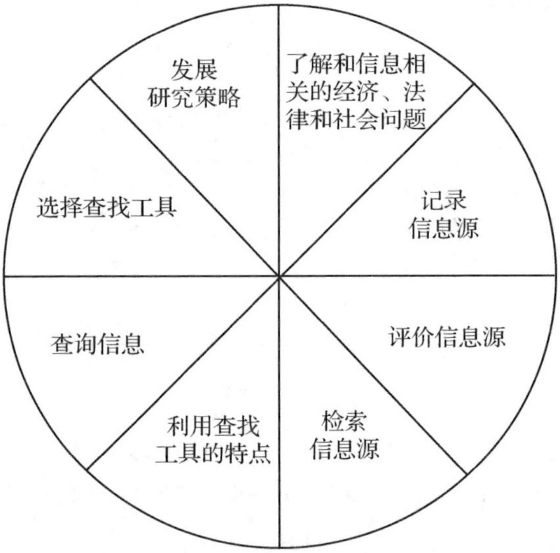

图 5-9　SAILS 信息素养技能

SAILS 项目每年面向美国和加拿大高校学生举行春秋两季大规模测试。测试可以基于互联网，也可以以纸笔的形式进行。参加测试的学生用 35 分钟左右的时间回答从评价问题数据库中随机抽选的 40 个问题。在测评方式上，SAILS 项目以项目反应理论为基础，采用自适应测验方式，建立不同难度的试题库。测验本身自动适应学生的具体情况，即在学生答对一道题目后，计算机会随机选择难度高一级的题目进行测试；如果学生回答错误，计算机则会随机选择难度低一级的题目进行测试。试题难度随学生的水平而灵活变通，能更加真实地反映学生的信息素养水平。系统首先通过模型确定试题难度，再根据学生的回答情况评分，避免了仅根据答对数量评分的局限性。SAILS 项目另有针对不同专业(教育、生物、历史、通信)的专业信息素养能力测试。测试结果按照难度等级，依据不同的班级水平或学科专业特点划分，评估分数总分为 1000 分。

表 5-7 每个分量表中的题目数

SAILS 技能设置	题目数(个)
发展研究策略	32
选择查找工具	18
查询信息	27
利用查找工具的特点	14
检索信息源	15
评价信息源	21
记录信息源	15
了解和信息相关的经济、法律和社会问题	20

测试结束后，SAILS 项目为参加测试的机构提供详细的分析报告。报告基于学生群体而非单个学生的表现，包括根据《美国高等教育信息素养能力标准》和 8 项技能清单对学生总体表现进行的分析，如学生表现最好和表现最差的技能。报告针对每个技能项目，按学生的班级、专业及组织机构所要求的项目提供分析结果。此外，SAILS 项目还将为各高校提供信息素养评估分析报告，系统分析该校学生信息素养的综合水平，分析指标情况、与平行高校间的对比情况等，为各高校的信息素养教育战略目标和战略规划的制定提供信息和资料。

2. 中小学生信息素养能力实时测评量表(TRAILS)[①]

TRAILS 的评估内容涉及以下几种能力：通用信息能力(适合多种学科与日常生活需要，能在不同学科之间进行转移的有关识别、检索、评价、利用信息的知识和能力)；学科信息能力(针对特定学科或专业，

① 李耀俊：《美国信息能力在线测评 SAILS 和 TRAILS 简介》，载《信息系统工程》，2010(1)。

了解学科的信息类别、常用信息源与检索策略，有效评价学科文献内容，判断学科文献的证据与观点)；工作实践能力(对学生工作实践一段时间后的表现进行反馈评估，了解学生的信息能力是否满足社会需求)。

TRAILS设计了针对六年级和九年级的两个测试量表：九年级测试分为通用能力1测试和通用能力2测试。前者考查学生对信息基础概念的认识与理解；后者考查学生的信息能力应用情况。每套量表覆盖评价标准的5个测试主题，有30个题目需花费30～40分钟。六年级测试与此类似，但是每套量表有25个测试题目。每年TRAILS根据测试结果进行修订，从而更加贴近学生的实际水平。

以下是TRAILS的九年级通用能力2的部分题目。

“发展主题”测试：你要写一篇题为《希腊和罗马建筑对19世纪、20世纪美国建筑的影响》的艺术课程论文，以下哪些人能够帮助你选择和确定主题?

A. 美术老师，建筑师，砌砖工人

B. 室内设计师，建筑师，学校或公共图书馆馆员

C. 建筑师，艺术老师，学校或公共图书馆馆员

D. 砌砖工人，室内设计师，学校或公共图书馆馆员

“责任主题”测试：在美国和许多其他国家，信息自由给予了普通公民哪些权利?

A. 在公共图书馆复印政府免费提供的各种信息或资料

B. 要求政府部门定期向公众发布信息

C. 建议政府部门开通相关网站

D. 公民可以谈论他们想说的任何话题和事情，不用考虑事实真相

(三)实施效果

2001年，肯特州立大学组织信息教育与学科教育专家团队研发了信息素养能力评估标准。2003年1月，美国图书馆研究协会认证了该标准，并负责协调和管理SAILS项目。2002—2005年，美国和加拿大的82个测试机构共计42000多名大学生参加了SAILS测试。2006年，肯特州立大学公布了最新修订版本SAILS-2006。TRAILS由美国教育部下设的图书馆和信息素养教育协会资助。2004年，肯特州立大学完成了TRAILS项目并进行了测试，2006年春季正式公布，2009年注册机构达到2800个，测试学生超过280000人。

2014年，卡罗来纳海岸大学学生参加了测评，学生技能分数在0～1000分，为了确定学生信息素养能力的情况，有研究将其按照由好到坏的顺序进行排列，结果如下：选择查找工具；了解和信息相关的经济、法律和社会问题；检索信息源；发展研究策略；记录信息源；查询信息；利用查找工具的特点；评价信息源。表5-8显示了不同机构的学生各项技能的平均得分。①

表5-8　不同机构的学生各项技能的平均得分

技能分类＼机构	卡罗来纳海岸大学(分)	学士学位—文科机构(分)	美国机构(分)	所有机构(分)
发展研究策略	485±7	507±1	505±0	505±0
选择查找工具	495±9	516±1	511±1	510±1
查询信息	457±7	488±1	485±0	484±0
利用查找工具的特点	494±9	537±2	533±1	533±1
检索信息源	486±10	531±2	521±1	521±1
评价信息源	441±8	469±1	470±1	470±1
记录信息源	444±10	498±2	485±1	485±1
了解和信息相关的经济、法律和社会问题	454±8	470±1	468±1	468±1

四、案例特点与创新

(一)案例特点

1. 基于统一的信息素养标准，方便校际横向比较

SAILS项目和TRAILS项目的所有评价指标都基于《美国高等教育信息素养能力标准》，且所有测试题目都依照标准设定的目标和成果编制。该标准明确界定了信息素养的内涵，且5项能力标准侧重于不同层次高等院校学生的需要，成果指标具体，可操作性较强。《美国高等教育信息素养能力标准》是美国高校普遍认可的权威的信息素养评价指标体系，基于同一标准得到的测量结果具有可比性，方便校际横向比较。信息

① "Results of the Standardized Assessment of Information Literacy Skills," http://www.coastal.edu/intranet/library/docs/ProjectSails _ Fall2014 _ Results.pdf, 2017-11-28.

素养能力评估标准在设计时考虑到学校内部不同学生群体之间的比较及学校之间的对比，所以其测试分析报告可以提供测试结果的内部和外部参照标准。内部参照涉及不同班级、专业之间的比较，而外部参照包括一所学校和所有参与的其他学校、同类学校及自选的机构间的比较。内、外部参照可以为信息素养教育提供信息，为学校采取新的教学措施提供实证数据。教师和管理人员可以根据报告提供的信息，有针对性地开展教学，并在机构间开展合作。

2. 采用标准化测试，易于跨机构大规模实施

SAILS 和 TRAILS 都是标准化的测量工具。为了满足大规模测试的需要，SAILS 采用多项选择题形式，其测试问题不针对某一个具体的学校，且每一个问题都是基于《美国高等教育信息素养标准》的表现和成果指标，可以检测不同层次高校的学生的信息素养水平。TRAILS 设计了针对六年级和九年级的两个测试量表，并且每年会根据测试结果进行修订，从而更加贴近学生的实际水平。测试的标准化使评价工具可以最大化地适用于各种学术机构，使测试变得快速并且容易管理，同时易于大规模实施。

3. 针对信息素养教学，考虑纵向的数据收集

SAILS 的问题难度不一，既测试学生的基本信息技能，也测试学生的高级信息技能。因此，教师可以利用 SAILS 对学生的信息能力进行纵向考查，例如，对大学新生进行前测并在其学习的不同阶段实施后测，以追踪学生信息技能的发展。为了给信息素养教学提供有用的数据，数据分析报告根据国家标准和 8 项技能清单分别描述了学生的信息素养水平。数据分析报告能够清楚描述学生群体的表现，可以对某一学生群体进行纵向比较并开展相关性研究，如学生信息素养和成才的关系等。

4. 测试工具信效度高，结果反馈具有导向性

SAILS 利用项目反应理论，对试题库中的每个问题都进行了反复测试。测试的严谨性确保了试题的效度和信度。利用专业软件对所收集的数据进行分析，结果显示信度超过 80，且评分者间的信度达到 65～80。把学生的 SAILS 测试结果和他们参加的学术能力评估测试(SAT)/大学入学考试(ACT)的结果比较，两者结果一致，这说明 SAILS 是信度和效度较高的测量工具。TRAILS 评估工作的信度和效度也较高。为确保评估的可靠性和测试题目合理的调度难度等级，TRAILS 一直在对

测试题目进行修订。项目组根据测试机构上报的数据进行统一处理和比较分析，形成包括基本测量指标、背景指标、趋势指标、智库等在内的具有政策导向性的反馈结果。

(二)案例创新点

1. 统一指导，灵活实现

SAILS 项目以信息素养能力标准为依据，在深刻理解相关标准的基础上对评估指标做出相关阐述。这些相关的标准文件并不具备指令性质。无论总结报告，还是评估大纲、评估标准、实践指标，都是从宏观上进行概念阐述和情况论述的，让各高校在相关标准的框架指导下因地制宜，灵活选用适用于本校的评估体系和评估模式。TRAILS 项目是自我引导、自我管理的在线测评项目，实施方式灵活简便，既可以以班级为单位开展测评，也可以组织学生小组开展测评，同时教师可以给予个性化指导。

2. 多方合作，纵深发展

信息素养评估是一项系统性、规模性工程，仅凭某一个或少数组织的力量终究难以实现。美国 SAILS 项目和 TRAIL 项目在集合政府、高校和商业组织三方力量的基础上，成立了全美信息素养论坛，普及信息素养相关概念和评估工程，为信息素养评估项目的发展和推进营造了良好的社会氛围，奠定了良好的群众基础；美国图书馆协会、美国大学和研究型图书馆协会、美国国家教育协会通力合作，颁布了信息素养评估标准和准则。各高校、教育机构相互协作，进行信息素养评估实证项目的研制。SAILS 项目是在美国和加拿大 82 所高校的合作下完成的。因此，信息素养评估工程的推进需要依托多方力量推进。

3. 综合评估，构建体系

任何一种信息素养评估方法和评估手段都存在一定的局限性。测验的方法由于受到考试试卷信度和效度的制约，影响评估结果的有效性和准确性，而且仅仅以分数作为学生信息素养的鉴别工具不符合教育评价理念的发展趋势。SAILS 项目和 TRAIL 项目有利于科学、全面、有效地评定学生的信息素养能力水平。信息素养评估应当在各种量化的、定性的评估方法的基础上，灵活选择，合理搭配，扬长避短，从而实现对大、中、小学校学生信息素养能力的客观有效评价。

五、案例经验与启示

与国外成熟的信息教育实践相比，我国目前权威的信息评价量表仍然有所欠缺。我国应该借鉴SAILS项目的成功经验，组织国内享有较高威望的学会或专业机构，广泛吸纳各学科专家参与，尽早针对不同年级的学生建立信息能力标准，实施科学合理的信息能力测评。

(一)加强信息素养结构研究，进一步明确信息素养内涵

《美国高等教育信息素养能力标准》明确了高校学生应具备的信息素养包含六点：确定所需信息的范围；有效地获取所需的信息；鉴别信息及其来源；将检索出的信息融入自己的知识基础；有效地信息去完成一个具体的任务；了解利用信息所涉及的经济、法律和社会问题，合理、合法地获取和利用信息。这一定义已成为国内外共识，值得我们借鉴和参考。同时，信息素养是个动态的、发展的概念。随着社会的发展、信息技术的不断更新，信息素养的内涵与外延也将不断发展和变化。因此，我国的研究者还需统一认识，结合教育信息化，从信息素养教育的角度去阐释信息素养的内涵，为评价实践奠定坚实的理论基础。

(二)促进机构合作，制定各层次信息素养标准

美国针对信息素养教育的不同阶段，制定了相应的信息素养标准，作为评价个人信息素养能力、指导信息素养教育实践的指南。美国的信息素养标准以各类机构和组织合作制定为主。例如，1998年，美国图书馆协会和美国教育传播与技术协会制定了《基础教育信息素养标准》，从信息技能、独立学习和社会责任三个方面衡量学生的信息素养水平。2000年，美国大学和研究型图书馆协会发布的《美国高等教育信息素养能力标准》为高等院校信息素养教育和评价提供了指南。我国目前除了北京地区的《高校信息素质能力指标体系》外，还没有一套得到大家公认的信息素养评价标准和相应的评价体系。我国相关的教育机构、图书馆组织也应该积极合作，建立科学规范、可操作性强和大家普遍认可的评价标准，促进我国信息素养评价的发展。

(三)优化信息素养评价手段，增强评价的科学性

借鉴美国的标准化测试项目，我国的信息素养评价应该依据权威的、大家普遍认可的评价指标体系，采用更加客观、科学的评价方法，

从而尽量避免主观随意性。首先，评价指标体系的确定要全面合理，涉及的评价指标应该涵盖信息和信息素养能力的各个方面。我国在参照国外的一些评价指标时还要结合我国国情和信息素养教育发展的特点，如要考虑信息素养课程内容等。其次，评价必须是动态发展的，即评价的指标体系不能一成不变。测试工具设计应充分考虑测试目的、测试方法和测试对象的特点，选择科学的测量模型，考虑内部和外部的参照标准，使测试结果更具实用价值。为达到上述目标，相关教育机构和组织应加强合作，共同开发我国的信息素养测评工具，以便在我国开展更加科学完善的信息素养能力评价。

第五节　可汗学院学习仪表盘基于大数据的学习分析

一、案例基本信息

随着在线教育的蓬勃发展和教育大数据时代的来临，可汗学院推出了学习仪表盘，它贯穿课程学习的整个过程，记录学生学习、练习、复习和测试等环节的数据，以培养学生的自主学习能力并为学生提供个性化的指导。表 5-9 概括了本案例的基本信息。

表 5-9　案例基本信息

案例名称	可汗学院学习仪表盘基于大数据的学习分析
实施时间	2013 年 9 月至今
主要实施者	可汗学院
实施对象	学生
相关网址	http：//www. khanacademy. org/(引用时间：2018-04-10)

二、案例概述

学习仪表盘又称数字化学习仪表盘(Digital Dashboard for Learning)、

学习分析仪表盘、仪表盘等。学习仪表盘对学生的在线学习行为进行精密追踪，记录并整合大量个体学习信息和学习情境信息，按照使用者的需求进行数据分析，最终以数字和图表等可视化形式呈现出来，从而为在线教育的学生、教师、研究者及教育管理者提供相关信息，成为大数据时代新兴的学习支持工具。①

可汗学院于 2013 年 9 月推出了数学课程的学习仪表盘，目前已涵盖物理、艺术、科学等多个学科。学习仪表盘数据贯穿课程学习的整个过程，涉及学习、练习、复习和测试等环节，并且所有参与学习的课程数据都会记录在仪表盘中。在学习仪表盘中，知识被精细切割为多个知识点并被可视化为不同的窗格，其中每个知识点都会有视频讲解和在线测试，并且测试结果还会显示学生的答题效率及学生的掌握情况。学生可以设计个性化的学习路径并自由选择想要学习的知识点，还可以通过练习或测试提升对某一知识点的掌握程度。但是学生在学习过程中要有一定的时间间隔，即学生每完成一个学习任务后，必须在第 2 天才能进入下一个学习任务。根据斯威勒(Sweller)的认知负担理论，学生的信息加工系统在每个信息通道的加工能力都是有限的，如果需要加工的信息数量超过了认知加工能力，则会造成认知超载。为学生每天接受的任务量设定一定限额这一独特的设计，符合学生的认知加工规律，有助于保证单位时间内的学习效果。

三、案例实施与推进

(一)实施背景

可汗学院，是由孟加拉裔美国人萨尔曼·可汗创立的一家教育性非营利组织，2007 年创办，旨在利用网络影片进行免费授课，现有数学、历史、金融、物理、化学、生物、天文学等科目的内容，其教学影片超过 2000 段，其使命是加快各年龄段学生的学习速度。

在以往的“以教为中心”的课堂学习中，学习反馈主要由课堂上面对面的师生交互及课后的作业和考试组成。然而，随着受教育人数与日俱

① 张振虹、刘文、韩智：《学习仪表盘：大数据时代的新型学习支持工具》，载《现代远程教育研究》，2014(3)。

增以及传统课堂教学班级规模不断扩大，师生之间保持及时个性化交互的难度大大增加，学习过程产生的大量有价值的反馈信息也未得到有效关注和利用。在“以学为中心”的在线教育情境下，学与教的实时反馈成为必需的环节：学生需要利用实时反馈的信息及时调整学习进度和方法；课程导师需要通过实时反馈的数据了解学生的学习情况以调控教学进程；教育管理者需要根据实时反馈的信息判断教育教学决策的有效性。与此同时，记录在线学习过程与结果的大量统计数据迅速生成。教育数据增长速度之快前所未有，数据的类型也日益丰富，蕴含着数量巨大的潜在信息。教育大数据具有极强的可追踪性和个性化特征，且多角度、深入、有效的分析将能够为参与在线学习的各方提供即时感知、实时监控和早期预警等服务。在上述两方面因素的联动下，对教育大数据进行实时分析从而提供实时反馈信息成为在线教育的研究热点。可汗学院学习仪表盘就在这一背景下应运而生了。

(二)实施方案

1. 颗粒型知识和任务模块学习

可汗学院将不同课程划分为多个颗粒型知识和任务模块，并且将每组练习题的数量控制在5～10个，以减轻认知负荷并实现实时评价与反馈。多元化的学习资源和微型化的学习测试，有助于学习仪表盘基于精细划分的知识体系对学生的学习过程与成果进行深入分析、评价与反馈，从而实现集成化。① 学生接收到的反馈来自他们通过自适应学习系统与学习内容进行的交互数据。反馈通常包括学生在嵌入式评估中做题的正确率和图5-10显示的学生已经掌握的学习情况的列表，也可以包括详细的学习活动信息，例如答题尝试次数、答题时间以及学习内容掌握程度。学生通过查看详细的学习信息再与分数高的同学进行比较，以便可以相应地调整他们的学习策略与计划。学生在完成技能测试时，必须选出正确答案才能回答下一题。在答错以后，系统会提示学生观看学习视频或者寻求解题帮助，以达到让学生完成技能测试并自主解答问题的目的。

---

① “Enhancing teaching and learning through educational data mining and learning analytics,” https：//tech. ed. gov/wp-content/uploads/2014/03/edm-la-brief. pdf，2017-11-29.

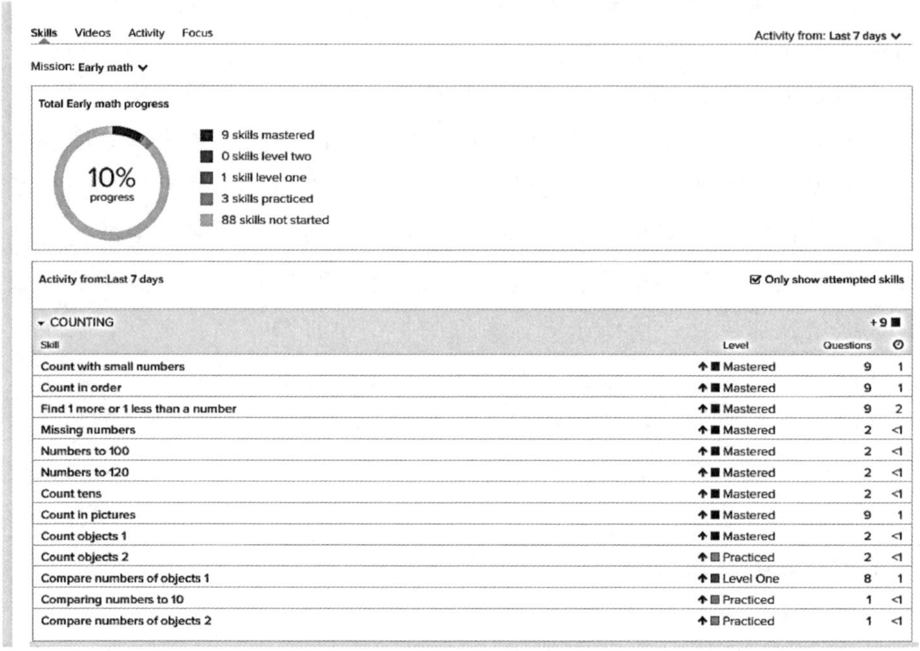

图 5-10 学习仪表盘显示的学生已完成的任务列表

2. 学习活动和学习专注度分析

学生不仅可以查看学习技能进度，还可以查看学习进度和学习内容专注度的分析数据。在学习活动中，学生可以查看学习视频时长、技能练习时长以及能量值点数。最近一周的学习情况都可以直观地显示出来。在学习专注度中，学生可以看到他们学习各个知识点所花的时长，可以清晰地了解所学知识点的难易程度及掌握情况，具体如图 5-11 所示。

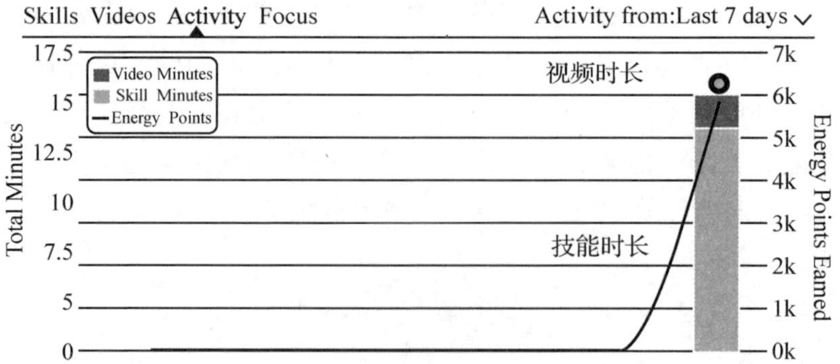

图 5-11 学习活动情况分析

3. 学习过程中导入游戏化元素

可汗学院在学习中将教学过程与游戏设计进行融合。游戏化的设计使游戏过程承载着学习策略，使游戏任务伴随着知识探究，通过增强成就感并给予虚拟奖励维持学生的学习兴趣和动力，提高学生的生完成率。可汗学院学习仪表盘设置了游戏情境，将整个学习过程模拟为不断闯关和升级的游戏旅程。用户可以定制个性化的学习计划，通过完成挑战和掌握知识点来提高技能。用户也可以看到他们在学习仪表盘上有多少能量点和勋章。在可汗学院的学习仪表盘上，每个知识点的学习都以领取任务为开端。学生完成任务后获得积分点数，并被授予相应的任务勋章。

(三)实施效果

自 2013 年 9 月可汗学院推出数学学习仪表盘以来，截至 2017 年 12 月，学习仪表盘已涵盖各个年级、各个学科，包括数学、物理、艺术等，如图 5-12 所示。可汗学院的学习仪表盘正在从最初仅关注学生的登录次数、学习时间和进度等浅层学习信息的在线学习平台辅助性学习工具，发展为挖掘并分析深层学习信息、整合多维度学习支持功能及多样化可视模式的新型学习支持平台。学习仪表盘正在从单纯的学习分析工具转变为集学习、分析、评价、反馈等多重功能于一身的统领学习资源、支持学习过程的强大集成化系统。

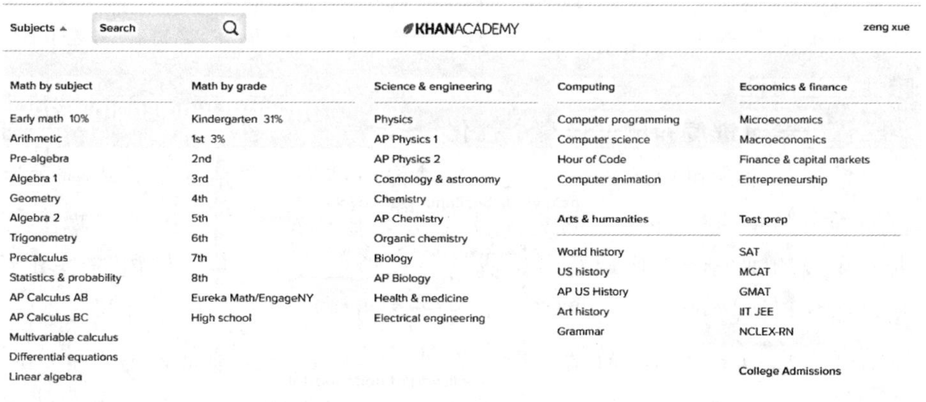

图 5-12　可汗学院学科分类

四、案例特点与创新

(一)学习过程和结果数据可视化

学习仪表盘的核心功能模块是学习资源数据库与数据运算系统，它们具备多渠道的数据采集能力与科学的数据运算能力，能够将海量的学习行为数据转变为有价值的学习行为信息并实现高效的信息分析。学习仪表盘的真正价值在于以“不知疲倦的”、适应性强的信息流通机制，取代低效率的看键盘打字的数据收集技术，将存储的数据转变为可消耗的信息资源。将学习过程和学习结果的分析数据可视化是可汗学院学习仪表盘最典型的特征。一方面，可视化图表使得信息传递更为形象直观。学习仪表盘基于美学、传播学、心理学等原则和规律进行可视化设计，并常常把数字和图表等集成在一个界面内，使重要信息能够被迅速捕获，例如，学习仪表盘非常直观地为学生展现了他们在技能、学习进度和专注度方面的学习情况。另一方面，可视化图表使得信息传递更加精准。学习仪表盘利用大量信息集中衡量某一维度上的学习活动，整合多个相关的图表数据，并辅之以简洁的文本标注，有助于准确解读信息。学习仪表盘提供的学习分析数据，可以有效支持学习过程、教学设计和教学管理等，具有巨大的教育价值。可汗学院学习仪表盘不仅借助多种多样的图表呈现学习分析结果，而且融合了游戏化设计理念，将能量勋章、升级闯关等游戏元素引入可视化设计，大大增加了学习仪表盘的趣味性与生动性。

(二)学习进度和测试内容个性化

学习仪表盘可以追踪学生的学习过程与结果，包括如下几点：学生的课程参与情况，如学习材料使用情况、在线活动参与度、论坛参与率、在线测试成绩、作业及考试成绩等；学生在学习共同体内的学习情况，如学习进度的比较与推荐、学习策略的建议等；学生学业进步的总体情况，包括学习情况总结、参与各种学习活动及使用各种信息技术工具的情况总结等。通过对学生学习行为与活动的跟踪、分析及可视化显示，学习仪表盘将学习过程中的认知与元认知相融合，促进学生对个人学习的全过程负责并进行管理和调控。例如，学生根据自身的个性化需求拟订个性化的学习目标及路径，自主选择个性化的学习材料，确定个性化的学习方法与方式，进行个性化的课后练习和阶段性检测等。在检测过程中，学生需要回答正确所有的题目才可以学习下一内容。在测试时，系统会根据学生答错的情况为学生提供视频学习帮助或者解题思路，让测试内容也非常个性化。可汗学院学习仪表盘实现了“真正的个性化”，即学生自行定位价值观与标准，实现真正的自我调控与管理，真正增强学习的自主性，不断建构和更新学生对学习状态以及个人位置的思考模式。相对而言，传统学习系统支持的个性化只是实现了学习系统针对学生的学习进度和学习成绩自动选取学习路径，而学生相对于学习系统来说仍然处于被动地位，无法与系统形成全方位的交互，这种个性化只是“虚假的个性化”或“部分的个性化”。

(三)学习认知和支持方式递进式

学习仪表盘为学生提供由浅至深的递进式学习支持。[①] 学生的学习过程是知识建构的过程，不是一蹴而就的。在同化或顺应的过程中，学生对于知识的理解以及元认知程度也在不断加深。学习仪表盘为学生的递进式学习提供了平台，主要表现在以下几个方面：学习仪表盘促进了学生的元认知，帮助学生形成合理的自我认知。学习仪表盘将学生的学习行为转换为数据并进行高效分析，然后以活动流和表格式概览等方式可视化地表达出来。这些可视化信息能够帮助学生了解并认知自身的学习技能与学习风格、学习探究的过程与深度以及学习过程中的情绪情感体验等。此外，学习仪表盘通过提高学生对自身学习状况及学习情境的即时认知水平，为学习反思和学习过程自主调控提供了有利条件。学习仪表盘为学习内容与学习活动添加了元信息层以及一站式显示方式，使学生能够及时获得与学习行为、学习内容、学习活动以及学习共同体相关的反馈信息，将知识学习与元学习的关系个性化、外显化，建立起二者间的深度联系。

学习仪表盘促进了学生基于学习反思的意义建构。学习仪表盘进行的学习分析只是工具与手段，其最终目的是使学生的学习行为发生改变。由于每一名学生现有的知识结构不一样，在学习过程中的习惯也不尽相同，学习仪表盘并不是千篇一律地设定学习环节和流程，而是在意

① 张振虹、刘文、韩智：《学习仪表盘：大数据时代的新型学习支持工具》，载《现代远程教育研究》，2014(3)。

义建构层面支持具体的学习情境。学习仪表盘把学生看作信息加工的主体和意义的主动建构者，促进学生积极反思，跟踪学生对知识的理解，同时帮助教师和教育管理者把握学习的流程和进度，进而进行个性化教学。

五、案例经验与启示

在大数据时代背景下，学习仪表盘更加关注个人的学习发展，与“个性化学习”“因材施教”等理念不谋而合，符合教育的真实形态，具有广阔而深远的在线教育应用前景。学习仪表盘所呈现的学习行为信息，能够使教师随时了解学生的行为表现，关注所有学生尤其是班级中容易被忽视的学生，实现了一种基于数据证据的教学思维和“以学生为中心”的教学方式；学习仪表盘能够促进有不同个体特征的学生参与学习，以量化的方式与学生进行对话，进而实现学习行为上的改进，帮助教师监控学习行为而非学业成绩，聚焦更为全面的健康成长；学习仪表盘能够提升学生注意力，促进学生自主成长。学习仪表盘具有重要的潜在价值，同时也面临一些挑战。

(一)潜在价值：培养学生的自主学习能力

可汗学院学习仪表盘实现了个体学习行为和结果信息的可视化呈现，可以很好地满足学生的学习需求，强化他们对自己学习状态的认知，培养他们的自主学习能力。学生通过仪表盘可以直观了解自己已经学了哪些知识，熟练程度如何，还有哪些有待进一步学习的知识以及最恰当的学习策略是什么等。学习仪表盘能够监视现在、计划未来并有效调节学习过程，利于学生自我反思，增强内在学习动机，推动学习能力的培养与发展，进而提高学习效率，改善学习质量，完成个性的发展与人格的完善。

(二)重要挑战：用户信任意识和伦理道德

学习仪表盘数据信息的呈现扮演着重要角色。由于学生对信息呈现模式的偏好不同，学习仪表盘有必要提供自定义样式显示功能，满足学生偏好的风格。同时，考虑到多数学生习惯于接受简单的反馈信息，学习仪表盘数据的呈现不能太过复杂，否则会使学生因为难以理解而对学习仪表盘失去信任。另外，若学习仪表盘呈现的信息与自己所想的有分歧时，学生可能会因为过度自信而降低对学习仪表盘的信任。此时学习仪表盘要具有一定的控制权，允许学生自我控制，鼓励学习独立性，能够编辑或修改某些属性值，不过前提是学生需要回答一些额外的与主题相关的问题，从而试图说服系统做出更改。当然，这种做法也存在潜在风险。例如，学生在自我评价中可能会因为低估或高估自身的知识能力，而向学习仪表盘提供不正确的信息，导致学习仪表盘的有效性受到干扰，进而也会影响到后续的连锁反应，产生学习不适应问题，进而弱化学生对学习仪表盘的信任。

学习仪表盘做出了学习预测、推荐和个性化干预，有效增加了个人教育历史数据的透明度，同时也将会带来一系列的社会伦理道德问题，包括隐私、人文关怀等，所以必须注意不触犯相应的政策和法律规定。[①] 国务院于2015年通过了《促进大数据发展行动纲要》，强调数据开放、数据共享，同时也强调了保护隐私的问题。在实际学习过程中，个别学生会因一些学习行为信息的泄漏而对教师或同伴感到不满。为了解决伦理道德问题，学生应有权控制学习仪表盘，知晓哪些数据信息可以分享，哪些不可以，这是学习仪表盘目前面临的挑战。

① 杨现民、唐斯斯、李冀红：《发展教育大数据：内涵、价值和挑战》，载《现代远程教育研究》，2016(1)。